恐怖箱

万霊塔《ばんれいとう》

つくね乱蔵

竹書房文庫

※本書に登場する人物名は、様々な事情を考慮してすべて仮名にしてあります。また、作中に登場する体験者の記憶と体験当時の世相を鑑み、極力当時の様相を再現するよう心がけています。現代においては若干耳慣れない言葉・表記が登場する場合がありますが、これらは差別・侮蔑を意図する考えに基づくものではありません。

装画／芳賀沼さら『ピラカンサス』

おひとつどうぞ

万霊塔《ばんれいとう》という言葉、あまり馴染みがない。
仏教関連の言葉である。
生命あるもの全ての霊を宿らせた塔のことだ。
この塔を回向することにより、宿った万霊を供養するという。
正しくは三界万霊塔。
三界とは、欲界・色界・無色界を指す。
欲界は淫欲・食欲・睡眠欲等々、本能的な欲望に塗《まみ》れた世界である。
色界は、欲こそないものの、物質や肉体に束縛されている世界。
無色界は全てを超越した高度な世界。
要するに、生まれてから死ぬまで、更に死んでからの全てを集める塔というわけだ。
実話怪談には、ありとあらゆる恨みや悲しみ、憎しみが集まってくる。
死者のことも勿論描く。

それが描かれていない恐怖譚は、怪談とは別のものだと思っている。
全ての霊を数多く集める点において、実話怪談本は万霊塔と同じではないだろうか。
ただ、万霊塔と決定的に違うのは、怪談本は集めた霊を供養しない。
中には、きちんと供養される作家さんもおられるだろうが、少なくとも私はやらない。
聞かせていただいた話を本にすることで、幾つかは昇華されるかもしれない。
聞いてもらえただけで助かりましたと感謝されたことも少なくない。
だが、殆どの話はどうにもできないのだ。
現在進行形のものも数多くある。
既に決着が付いてしまった話は、関わることすらできない。
いずれにせよ、何の修行もしていない単なる実話怪談作家には、些《いささ》か荷が重い。

今回の表紙に描かれた花は、ピラカンサである。ピラカンサスともいう。
赤い実には青酸系の毒が含まれており、食べると大変な目に遭う為、鳥も近付かない。
が、酷いのは熟していない時期だけである。
熟した実は、あっさりした林檎《りんご》のような味だと言われている。
ただし、その実を付ける枝には鋭い棘《とげ》がびっしりと生えている。

何もなさそうに見えて、実は毒があり、近づくと鋭い棘がある。
それは私が好んで集める実話怪談と共通している。
毒があるかどうかは、食べてみなければ分からない。
赤い実に唇を寄せている女性は、この本を手にしてくれた貴方である。

大丈夫。
おひとつどうぞ。

酷い目には――多分、遭わない。

目次

食べられません

真田さんは困っていた。
引っ越したアパートに、何かがいるのである。
多分、子供ではないかと思うのだが、正体不明である。
枕元に立ったり、恨めしそうに睨んできたり、等ということはない。
冷蔵庫の中身を勝手に齧《かじ》るのである。
生肉や魚は大丈夫。野菜とか果物が必ずやられる。
種類は問わず、とにかく齧る。
最初に発見したときは、ネズミかとも思ったが、どう見ても人間の歯形である。
そのサイズから子供だと判断したという。
部屋の中に秘密の通路などない。窓も割れたりしていない。
玄関の鍵は新しいものと変えてもらった。
それでも歯形が付く。
昔と違い、鍵付きの冷蔵庫などない。ガムテープで貼ってから出かけたこともある。

そのときは、ガムテープはそのままで、中のリンゴが齧られていた。

歯形が付いた部分を切り落としてしまえば良いのだろうが、得体の知れない奴が齧ったものなど、触るのも嫌だ。

野菜も果物も我慢しようかとも考えたが、それではこのアパートにいる限り永遠に食べられないということになる。

真田さんは考えに考えた挙げ句、妙手を思いついた。

早速、大阪まで出かけていき、目的の品を購入した。

真田さんが買ったのは、野菜や果物の食品サンプルであった。

本物と見紛うばかりのキャベツやリンゴを購入し、冷蔵庫に並べた。

次の朝、起床した真田さんは、冷蔵庫に急いだ。

期待と不安を胸に秘め、一気に開ける。

サンプルは全て齧られてあった。

かなり不味かったらしく、その日以来、歯形が付くことはなくなったという。

10

黒い水玉模様

七年前に奥さんに先立たれてから、大和田さんはずっと独身を貫いている。

出会いがなかったわけではないが、特に必要性を感じなかったらしい。

奥さんの思い出が詰まった家は、最初のうちこそ辛い空間であったが、今ではそれにも慣れたそうだ。

目覚めたら、身支度の前に仏壇へ向かう。線香とロウソクを供え、今日の無事を祈る。

顔を洗うのはそれからだ。朝食はしっかり取って、きちんと弁当も作る。

一日たりとも手を抜かないのは、独身生活を続ける為の決まり事だという。


その日もいつも通り、大和田さんは仏壇に向かった。

まずはロウソクに火を灯す。

次に線香をというところで手が止まった。買ったばかりの線香が見当たらないのだ。

仏壇の下部に引き出しがあるのだが、その右側に入れたつもりであった。

結局、線香は仏壇の左側の引き出しに入っていた。

何か勘違いをしたのだろうと思ったが、今一つ納得できない。

もやもやした気分を引きずり、大和田さんは会社に向かった。

とはいえ、基本的には些細な事柄である。残業を終える頃には、綺麗さっぱり忘れていたという。

思い出したのは、帰宅後に遅い夕食を取っているときだ。

マヨネーズを出そうと冷蔵庫を開けたのだが、いつもの場所に見当たらないのである。

じっくり腰を据えて探し、見つけたのは野菜室の奥であった。

何故そんなところから出てきたのか見当も付かない。

線香もマヨネーズも、何かの拍子に思っている場所とは違う所へ置いたのだろうが、連続して起こるようなことだろうか。

いつまで考えても、納得できる答えが見つからない。

ざわつく心を抑えながら大和田さんは風呂へ向かった。

が、折角抑えた心は、浴室に入って僅か数秒で揺らいだ。

浴室には棚が縦に並んでいる。上中下と三カ所だ。下の棚にボディソープやシャンプーを置いてあるのだが、それが一番高い棚に移動している。

さすがにこれは物忘れの範疇《はんちゅう》ではない。

つい最近掃除したのは確かだが、そのときは間違いなく下に置いた。

大和田さんは、そのときから色々な違和感に気付き始めたという。

一つ一つは大したことではない。

片付けたつもりの場所になく、思いがけない所にあるだけだ。

だが、それが固まると不安になる。

もしかしたら、若年性の認知症かもしれないと不安になった大和田さんは、専門の病院を訪ねた。

念入りに調べてもらったが、何処にも異常は見当たらない。

ストレスから来るものではないかと診断された。

まずは一安心だが、納得できる原因ではない。もどかしい思いを抱きながら、大和田さんは帰宅した。

靴を下駄箱に仕舞おうとして、大和田さんは新たな違和感に気付いた。

全ての靴が、爪先を手前に向けて収納されている。

これは違う。こんなことは、どう間違ってもやらない。

何処に置いたか忘れた等とは異なり、これは日頃の動作の問題である。

勘違いが入り込むような問題ではない。

この辺りから徐々に違和感の質が変わってきたという。

例えば食べる順番、食事時に毎回見るテレビ番組、洗濯物の干し方。

要するに身体に沁み込んだ癖である。

もう一つ気付いたのは、それが発生する場所が自宅に限られているということだ。

家の外や、会社内では起こっていない。認知症などの病気が原因なら、場所を問わず発生する筈である。

今のところ、命に関わるような事柄は起こっていないが、どうにも気になって仕方がない。

仕事も手に付かなくなってきた為、大和田さんは第三者の判断に委ねてみようと思い立った。

頼んだ相手は学生時代からの友人、井岡である。

井岡は、半ば笑いながら快諾してくれた。

早速、最寄り駅で待ち合わせ、連れ立って家を目指す。

途中、二人で話し合い、大和田さんが何かするときは一部始終を撮影しようと決めた。

自宅に着き、大和田さんは大きく深呼吸してドアを開けた。

まずは何事も起こっていない。

井岡は、廊下を進みながら周りを見渡している。

大和田さんは台所に立ち、コーヒーの用意を始めた。早速、井岡がスマートフォンを向ける。

ソファーに向かい合い、コーヒーを飲む間も撮り続けている。

今のところ、何の違和感もない。

黙ったままでいるのもおかしなものだと笑い、井岡は思い出話を始めた。

その間も撮影は続行している。

「一度確認して、何でもない奴は消すから」

そう言ってスマートフォンを操作した井岡が、唐突に動きを止めた。

「何だこれ」

覗き込んだ大和田さんは呻き声を上げた。

部屋中に黒い球が浮かんでいる。

大きいのも小さいのもある。そのせいで画像が水玉模様になっていた。

立ち上がった井岡は、家中をくまなく撮影してきた。

恐る恐る確認してみる。

トイレも台所も風呂も寝室も、全ての画像が黒い水玉模様になっていた。

井岡は、大切な用事を思い出したと言って後ろも見ずに帰っていった。

一人残された大和田さんは、ぼんやりと部屋を見回しながら、どうしたものかと繰り返し呟いていたそうだ。

結局のところ、その黒い球が原因なのかどうか判明していない。

一時は引っ越しも考えたそうだが、その為の準備がどうしても進まない。

最近では考えるのも億劫《おっくう》になり、成り行きに任せているという。

石の箱

上松さんが子供の頃の話である。

当時、上松さんは悪友達とともに、探検ごっこに明け暮れていた。

テレビ番組に影響されたらしいのだが、生憎と近所には秘境などない。

専ら、学校の近くにある森が主戦場だ。

樹海とまではいかないが、まずまずの広さがある森であり、飽きずに楽しめたという。

八月に入って間もない頃、例によって上松さんは仲間を引き連れて森を歩いていた。

いつも行くコースを外れ、森の奥へと進んでいく。

ちゃんとした目的がある。上級生から聞いた噂を確かめるつもりであった。

森の奥に石でできた箱があるのだが、それは古代の棺桶で、中にはミイラが入っているというのだ。

帰り道に迷わないよう、木にロープを結わえながら、上松さん達は奥へと進んでいった。

二十分ほど歩いた頃、木々の間にそれらしき物が見えてきた。鉄柵に囲まれていたが、難なく乗り越えられた。

確かに石の箱である。一辺が一メートル程度の正方形。高さは上松さんの胸辺りだ。

かなり古い物らしく、側面には苔《こけ》が生えていた。

蓋に使われているのも同じような石だ。厚さが十センチほどあり、押したぐらいではびくともしない。

蓋も苔で覆われており、長い間開けられていないことが見て取れた。

だが、ここまで来て諦めるのも悔いが残る。上松さん達は、力を合わせて少しずつ動かした。

じわじわと蓋は動き、ようやく隙間が空いた。中は真っ暗で何も見えないが、それは想定済みである。

上松さんはリュックサックから懐中電灯を取り出し、箱の中を照らした。


中には古びた布が一枚置いてあるだけであった。布の前には茶碗のような容器が一つ。

他には何も見当たらない。

噂なんてこんなものだよな、と上松さん達はお互いを笑い合った。

急につまらなくなり、上松さん達は帰ることにした。

面倒だから蓋は開けっ放しである。

来た道を戻ろうとしたとき、上松さんは気付いた。

さっきの茶碗、湯気が立っていた。

それを言おうとした瞬間、背後の石から音がした。

振り返ると、蓋が動いている。

誰かが蓋を下から押し上げ、ずらしていた。

子供とはいえ、数人掛かりでようやく動いた蓋である。上松さん達が見つめる前で、蓋は元通りの位置に戻った。

最後の瞬間、下から押し上げている手が見えたそうだ。

とても小さな手だったという。

血痕の日々

和田さんは平凡かつ平穏無事な人生を送っていた。

これといった悩みもなく、家族は仲が良く、仕事も順調で家のローンも残り僅かである。

大きな幸せには縁がないが、大きな不幸もやってこない。

その日常が崩れ始めた切っ掛けは、今年の春の出来事であった。

いつも通りに家を出た和田さんは、途中で書類の忘れ物に気付き、慌てて引き返した。

朝一番の会議に使う書類だったという。

書類がなかなか見つからず、再び駅を目指した時点で五分遅れていた。

普段の通勤路を使っていては、会議に間に合わない。

駅前には開発を待つ大きな空き地があり、そこを突っ切って行けば何とかなると思われた。

空き地は柵こそないものの、膝までの高さがある草で覆われている。

だが、迷っている暇はない。人の目を気にしている余裕もない。和田さんは思い切って足を踏み入れた。

その足が水たまりに嵌《は》まった。

和田さんは盛大に舌打ちし、足を引き抜いた。

粘ついた音を立てて、靴が離れる。

悪いことは重なるものだなと、もう一度舌打ちしながら和田さんは靴を見た。

黒の革靴が赤く染まっている。スラックスの膝辺りまで点々と赤い液体が飛んでいる。

草むらを覗き込むと、溜まっているのは水ではなく、血のように思える。

切羽詰まった和田さんは、とりあえず駅を目指した。

すれ違う人達の視線が足元に集まるのを感じながら、コンビニのトイレに入る。

トイレットペーパーで拭ってみると、どう見ても血液であった。

恐る恐る鼻を近付けると、やはり血の臭いがする。

できればもう一度帰宅して着替えたいところだが、これ以上は一秒も無駄にしたくない。

可能な限り綺麗にした後、和田さんは諦めてタクシーに乗った。

かなり痛い出費だが、会議に遅刻する痛手よりは遥かにマシだ。

車内で再度、血痕が残っていないか確認する。

決断が功を奏し、定刻よりも早く会社に到着できた。

料金を支払い、タクシーを降りようとしたとき、運転手のシャツの襟に血が付いていることに気付いた。

しまった、もしかしたら自分の手に血が付着していて、それが汚してしまったのかもしれない。

だが、シャツに手が当たった覚えがない。そもそも今現在、自分の手は汚れていない。

考えあぐねているうちに、タクシーは走り去ってしまった。


その日以来、和田さんの生活に血が入り込んできたという。

ふと辺りを見回すと、誰かが血を流している。

通りすがりの小学生が鼻血を出したり、会社の同僚がコピー用紙で指を切ったり、時と場所を問わない。

一つ一つは怪我とも呼べないような軽いものだが、毎日欠かさずである。少ないときでも一、二度。

多いときは立て続けに血を見てしまう。

その現象に気付いているのは和田さんだけだ。

気にしなければ何ということはないのだが、時折、大きな事故に出くわすのが嫌で堪らないらしい。

飛び込み自殺に遭遇したのが手始めだ。

会社近くに建設中のマンションから、作業員が墜落したときも現場に居合わせた。
目の前で、幼児が大型犬に襲われたこともあった。
そういったときに限って、和田さんは大量の血を浴びてしまうのだという。
元々の原因と思われる草むらの血溜まりだが、そこにあった理由は一切不明である。

キノコ

井川さんは山菜採りの名人である。

中でも得意なのはキノコだ。マイタケ、ヒラタケ、シメジ、シイタケ等のよく知られているものは勿論、サワモダシやヤマブシタケ等という珍品も探し出してくる。

見つけ出すコツを教えてほしいと頼まれる度、井川さんはこんな話を始める。


井川さんがまだ二十歳の頃だ。

父親の転勤を切っ掛けに、一家が上京して五年目のことである。

中部地方の小都市にある実家へ帰省するのは、盆暮れだけであった。

祖母は一人で暮らしていた為、井川さんだけは時折、顔を出していたそうだ。

毎回、半時間余りを過ごす程度の訪問だったが、祖母は心の底から喜んでくれたという。

ある日、その祖母が風邪をこじらせ、弱っていると連絡を受けた。

暇を見つけて見舞いに行くよう、両親から頼まれ、井川さんは翌朝一番の列車に乗った。

故郷が近付くにつれ、祖母の優しい笑顔が思い浮かんでくる。

もっとまめに訪ねるべきだったと後悔しつつ、井川さんは祖母の家に急いだ。

幸いにも祖母は、回復の気配を見せていた。井川さんの突然の訪問も、特効薬になったようだ。

買い物に行けなかったので、何もないのだが、少し待ってくれたら珍しいキノコを食べさせるという。

祖母の料理が大好きだった井川さんは、少しどころか今晩は泊まっていくつもりだと答えた。

嬉しそうに微笑みながら外に出ていった祖母は、二十分程で戻ってきた。

お盆に山盛りのキノコを乗せている。見たこともない真っ白なキノコだ。

この近くに秘密の場所があるのだと、祖母は自慢気に言った。

夕食は、そのキノコを使った料理がずらりと並んだ。

今までに食べたことのない味と食感である。井川さんは、何というキノコか訊ねた。

名も知らぬキノコだが、育つ場所が良いのだろうと祖母は答えた。

翌朝も味噌汁の具として、そのキノコは出てきた。

幾ら食べても食べ飽きない味である。井川さんは、すっかり気に入ってしまった。

楽しかった時間は瞬く間に過ぎた。

再訪を約束し、家を出ようとする井川さんを呼び止め、祖母はキノコを手渡してくれた。

駅までの道を辿りながら振り向くと、祖母はいつまでも手を振り続けていたそうだ。

その日の夕飯時、両親に祖母の具合を報告しながらも、井川さんはキノコの味を思い返していたという。

翌日も翌々日も、起きているときばかりか夢の中でさえキノコを思い出す。

もう一度あのキノコを食べさえすれば、何とか諦めが付くと信じ、井川さんは祖母に電話を掛けた。

二つ返事で引き受けた祖母であったが、井川さんの願いは叶わなかった。

翌日、祖母は自宅の庭先で死んでいるのを発見されたのである。

葬儀を終え、皆が火葬場から戻ってくるのを待つ間、井川さんは付近の山を歩いてみた。

祖母が言っていた秘密の場所を捜すつもりであった。

それほど簡単に見つかる筈がないと思いつつ、山道を歩く。

十分程歩いた頃、前方に人がいることに気付いた。

見慣れた後ろ姿と歩き方である。

祖母であった。怖いとは思えなかった。

それよりも何とかして話したいと願い、井川さんは走った。

ところがどうしても近付けない。追いかけていくうち、一本の大木の前で祖母は止まった。

背中を向けたまま、自らの足元を指さしている。

そこには、あの白いキノコが群生していた。

折角、祖母が教えてくれたのだが、井川さんは近付けなかった。

キノコが群生している真上に、黒い影が浮かんでいたからである。

それは、首を吊っている人間にしか見えなかったという。


その後、井川さんは一度も故郷へ帰っていない。

白いキノコの正体を研究しているうち、一般のキノコにも詳しくなった。

ちなみに、上質なキノコは祖母が教えてくれるそうだ。

時折、あの日と同じように祖母が現れ、後ろを向いたまま足元を指さす。

そこには必ず、質の良さそうなキノコが生えている。

そんなキノコの近くには、必ずと言って良いほど黒い影が佇《たたず》んでいる。

学生の頃と違い、近付いてキノコを採るのは平気になった。

というより、むしろ面白くなってきた。

そいつらが何もできない存在だと分かったからである。

採ったキノコが美味いのは分かっているが、自分では食べず、全て他人にあげてしまうという。

高い煙突から

子供の頃の高岡さんは火葬場を眺めるのが好きだった。

火葬場は自室の窓から見える場所にあり、その高い煙突から空に上っていく煙を飽きることなく見ていた。

病弱で引きこもりがちな子供であった為、楽しみはそれぐらいしかなかったらしい。

最初、その建物が火葬場だということすら知らず、ましてや遺体を焼いた煙であることも分かっていなかったそうだ。

それが分かってからも、高岡さんは嫌悪を抱くことなく煙を眺めていた。


十二歳の冬、高岡さんは風邪からくる高熱の為に寝込んでしまった。

時々、目を覚ましては窓の外を見る。

火葬場の煙突をぼんやりと見つめ、また眠りに落ちる。

そうやって三日間を過ごすうち、不思議なものを見るようになった。

煙の中に浮かぶ人の姿である。

それは、ふわふわと風船のように漂いながら、空に上っていく。

煙は白いのも黒色のもあるのだが、漂う人達は例外なく純白である。

その様子は、まるで天使のようだったという。

病が失せてからも、高岡さんは漂う人達を見ることができた。

見るコツみたいなものを習得したのかもしれないと思い、ひたすら技術を磨いたそうだ。

その甲斐あって、中学を卒業する頃には表情さえ分かるようになった。

大抵の人は、穏やかな顔つきで上を目指していくのだが、中には地上をいつまでも見ている人もいた。

その違いは、現世に残した想いだろうと高岡さんは解釈していた。

十五のときに祖父が亡くなった。

祖父は、上を目指す前に一度だけ下を見た。

高岡さんと目が合った祖父は、面白そうに微笑んで手を振ってくれたという。


故郷を離れて大学に入った高岡さんは卒業後、都会で就職を決めた。

忙しい日々の中、故郷を思い出すときもあったが、なかなか帰省できずにいた。

葬儀は幾つかあったが、火葬場まで行くことはなく、いつの間にか煙突と漂う人のことを忘れていたそうだ。

妻を娶《めと》って二年目の夏、義姉が亡くなった。

悲しむ妻を労りながら、高岡さんは共に火葬場へ向かった。

もしかしたら、久しぶりに漂う人を見てしまうかもしれない。

妙な確信があったという。

火葬場に到着し、車から降りた高岡さんは戸惑った。

煙突が見当たらないのである。

義父が言うには、最新式の火葬場は煙を出さない為、高い煙突は必要ないらしい。

この火葬場は、排気口程度のものしか設置されていない。

「第一、火葬場なんて呼び名は古いんだよ、今じゃ斎場と呼ぶんだ」とのことであった。

そうすると、漂う人はどうなるんだろう。

高岡さんは、子供の頃のコツを思い出しながら、そのときを待った。

最後の別れを終え、棺が台車に乗せられ、炉に入っていく。

スイッチが押され、一同が待合室に向かう中、高岡さんは外に出た。

炉の位置から排気口を予測し、目を凝らす。やはり、煙は一切出てこない。

それでもなお見ていると、屋根の上に漂う人影が現れた。

義姉に間違いない。

姉は、かつて見た漂う人達と違い、困惑の表情を浮かべている。

自分が置かれている状況が分からないようであった。

目が合うと嫌だなと思った高岡さんは、気付かれないように待合室に戻った。


無事に火葬が終わり、骨壺を抱いた父親を先頭に一同が斎場から出ていく。

その行く手に義姉が漂っていた。

どうするつもりか見守る高岡さんの前で、義姉は父親の背中に貼り付いた。

そうして、ようやく安堵の表情を見せたという。

昔みたいに煙突が高いままだったら、迷うことなく空に昇っていけたのではと高岡さんは言った。


ちなみに現在、稼働している斎場の殆どは煙突がない。あったとしてもかなり低い。

32

おかあちゃん

秋元さんの自宅近くに、富永という母娘が引っ越してきたのは、今から七年前のことだ。

母親の名は典子、娘は芽衣子。

その当時、芽衣子ちゃんは八歳になったばかりであった。

秋元さんの娘と同い年であった為、登下校を切っ掛けに仲良しになったという。

典子は夜遅くまで働いており、芽衣子ちゃんは自然と秋元さんの家に入り浸ることになった。

二人が仲良く遊ぶ姿は、子供好きの秋元さんにとって宝物であったが、典子の思いは違っていた。

仕事を終えて迎えに来る度、典子は芽衣子ちゃんを引きずるように連れていった。

時折、秋元さんは芽衣子ちゃんの分も夕食を用意したのだが、典子は月末にきっちりと代金を支払ったという。

それでも典子は芽衣子ちゃんを愛しており、近くの公園でお弁当を広げている光景をよく見かけたそうだ。

小学校を卒業し、秋元さんの娘は私立の中学に通うことになった。

芽衣子ちゃんは区域内の公立中学である。

その為、小学生の頃のようには頻繁に行き来がなくなった。

典子も水商売の世界に飛び込んでおり、昼間は滅多に出会わなくなった。

近くにありながら、富永家は遠い存在になってしまったのだという。


その年の夏、富永家に関する嫌な噂が広まり始めた。

秋元さんも薄々感づいていたのだが、芽衣子ちゃんが虐待されているのではというのだ。

何かが割れる音や、ぶつかる音に混じって、典子の怒声も聞こえてくる。

薄汚い女になりやがって、などと叫んでいたという。

芽衣子ちゃんの悲鳴や泣き声は聞こえないが、明らかに殴られたと思しき痣が顔に残っている。

夏なのに長袖を着ているのは、傷痕を隠しているのではないかとも言われていた。

だが、町内の住民は噂を流すだけで、事実を確かめようとはしなかった。

実のところ、秋元さんもその一人であった。

行政に連絡すれば良いのは分かっていたが、いま一歩踏み切れなかったらしい。

他人の事情に口出しすべきではないし、母親思いの芽衣子ちゃんが悲しむかもしれない。もしかしたら、連絡されたことに逆上して、尚更虐待されるかも。

適当な言い訳で良心を塗り隠し、秋元さんは無視を決め込んだ。

そんな自分を本気で殴りたくなったのは、それから半年後のことであった。


芽衣子ちゃんが亡くなったのである。

母親が見つけたのは、亡くなってから三日後であった。

その間ずっと、家に帰っていなかったらしい。

驚いたことに母親は、葬式もあげなかった。

いつも通りの生活を続け、悲しむ素振りも見せない。

誰もが呆れ、近付こうともしない中、秋元さんは勇気を振り絞って典子の家に向かった。

見て見ぬ振りをし続けた自分を許せなかったのだという。

会話ができるとは思っていない。ただ、せめて芽衣子ちゃんの遺影に手を合わせるつもりであった。

典子は、夕方五時頃に出勤する。

その二十分前ぐらいなら会ってくれる可能性があるだろうと予測し、秋元さんは自宅を出た。

震える手でチャイムを押すと、返事もなしにドアが開いた。

顔を出した典子は、敵意を露わにして秋元さんを睨みつけてくる。

萎えそうな気持ちを叱りつけ、秋元さんは用件を伝えた。

聞いた瞬間、典子は顔を歪め、遺影なんかないと笑った。

閉まり掛けたドアの向こう側に、思いも寄らないものがいた。

芽衣子ちゃんである。

秋元さんは、思わずドアを押さえた。

「何よ。まだなんか用？」

見間違いではない。すぐそこにいる。でも何と言えば良いのだろうか。

迷う秋元さんの手を乱暴に振り解き、典子はドアを閉めた。

その後、秋元さんは出かけていく典子をそっと覗いてみた。

やはり芽衣子ちゃんがいた。

何をするでもなく、ただ後ろから滑るように付いていく。

あんな母親でも子供にとっては大好きな存在なのかと思うと、秋元さんはやるせない気持ちで堪らなくなったそうだ。

だが、秋元さんの思いとは裏腹に、典子はいつになっても芽衣子ちゃんに気付きそうにない。

見えないものは仕方ない。当然といえば当然である。

秋元さんが、どれほど哀れに思おうが、どうにもならないことであった。

月日が経つにつれ、芽衣子ちゃんは姿を変えていった。

最初に見かけたときは中学生だったのだが、徐々に幼くなっているらしい。

先月、見かけたときは小学生の姿だった。

愛されていた頃の自分なら気付いてくれると思ったのかも、と秋元さんは言った。

今現在、芽衣子ちゃんは三歳児ぐらいになっているという。

それでもまだ、典子は気付かないそうだ。

それぞれの愛

岡崎さんは以前、育児相談所に勤めていたが、母親の介護の為に離職した。

少し前のこと。北川麻里子と名乗る女性が訪ねてきた。

近くのマンションに引っ越してきたのだという。

麻里子は、岡崎さんが育児相談員だったことを町内会で耳にしたらしく、初対面の挨拶もそこそこに相談を持ちかけてきた。

正直なところ、それほど暇ではない。一線を退いた今は、最新の知識や情報もない。

丁重に断ろうとした岡崎さんだったが、長年の経験が赤信号を点《とも》した。

麻里子の切羽詰まった様子に、重大な事故に繋がる要素を感じた。


麻里子は、再婚したばかりであった。

夫の名は北川徹。死別した前妻との間に、大雅君という五歳の息子がいた。

大雅君は先天網膜分離症により、両目を失明していた。

本来なら、三歳児健診で初期症状を発見できる場合が多い。だが、大雅君は健診そのものを受けられなかった。

前日に、母親が急死してしまったからである。

それ以来、男手一つで懸命に育ててきた徹だったが、息子の異変に気付けなかったらしい。

それを聞いたとき、麻里子は声を上げて泣いたという。

徹と大雅君を愛し、幸せにするのが自らの役割だと決め、周囲の反対を押し切って結婚したそうだ。

けれども、大雅君は新しい母親に心を開こうとはしなかった。

いつかはきっと、自分を母親と思ってくれるだろう。

そう信じ、無理強いはせず、自らも追い込まず、前向きに歩こうとした麻里子であったが、大きな壁に行き当たった。

大雅君は目が見えないにも拘わらず、他人の手を全く必要としないのである。

日常生活はもとより、少しぐらいの外出もこなしてしまう。まるで目が見えているかのように、電柱やブロック、通行人などの障害物を避ける。

それどころか、遥か後方から近付いてくる自転車にも反応する。

偶然ではないのは確かである。何故なら、そうやって避ける前に大雅君は「ブロックだね」とか「自転車が来るの？」などと呟いているからだ。

おかげで、麻里子が口を出す隙がない。会話の糸口すら掴めない。

その為、二人の間の溝は、いつまで経っても埋まろうとはしなかった。

夫に相談したのだが、焦らずにゆったりとした気持ちで側にいれば何とかなると励まされただけであった。


そこまで話して、麻里子は唐突に大声を出した。

「一人で歩ける理由が分かったんです」

掴みかかりそうな勢いで岡崎さんに詰め寄り、麻里子は言った。

「前の奥さんが取り憑いてるんです」

それに気付いたのは、先週の真夜中だという。炊飯器をセットするのを忘れた麻里子は台所に向かった。

大雅君の部屋の前を通るとき、話し声が聞こえた気がした。

そっとドアに耳をあてる。やはりそうだ。大雅君の声だ。

その日あったことを一生懸命話しているようである。とても嬉しそうだ。

それは、麻里子が聞いたことのない声であった。

大雅君は、色々な出来事を話し終えた後、こう言った。

「おやすみなさい、おかあさん」

麻里子は驚いたが、すぐに自分のことではないと分かったそうだ。未だかつて、そう呼ばれたことなどないからだ。

ドアを開けて確かめようとした瞬間、この上なく優しい声が大雅君に返事を返した。

「おやすみ。また明日、遊ぼうね」

誰だ、今のは。

麻里子はそっとドアを開けた。誰もいない。

ただ、室内に何か良い香りが漂っていたという。

それが沈丁花《じんちょうげ》だと思い出したのは、翌朝である。

念の為、大雅君の部屋をもう一度確認したときのことだ。

部屋には前妻の遺影が飾られてあるのだが、その写真の中で前妻は沈丁花を背景にしていた。

そのことがあってから、麻里子は気付いてしまった。

大雅君が危険に遭遇したとき、ふわりと沈丁花が香るのだ。

今まで気付かなかったのが不思議なほど、大雅君は香りに守られている。

避ける度に呟く「ブロックだね」や「自転車が来るの？」は、自分に言い聞かせているわけではなかった。

危険を教えてくれる亡き母に確認していたのである。

それが分かったとき、怖くはなかったという。

むしろ、母親の愛情に感動したぐらいだ。

が、ここ最近、その考えが変わった。切っ掛けになったのは、麻里子の友人からの言葉だ。

麻里子は感動を共有しようと思い、大雅君の話をしたのだが、意に反して友人は顔をしかめた。

「それって危なくない？　もしかしたら、ここぞというときに嘘吐いて、あの世に連れていこうとしてるのかも」

その場では笑い飛ばしたのだが、どうにも気になって仕方がない。

徹に相談できる筈がない。激怒するに決まっているからだ。

育児相談所も頭に浮かんだが、何と言って説明すれば良いのか分からない。

思い悩んでいたときに、岡崎さんの存在を知ったのだという。

岡崎さんが真っ先に思ったのは、麻里子を受診させることだった。

どう考えても、それがまともな答えである。

とはいえ、安易に突き放すわけにもいかない。

かなり追い詰められた様子が見て取れたからだ。

まずは大雅君との面談が先決である。

幾つかの医院を頭に思い浮かべながら、岡崎さんは次の相談日を決めた。

当日、早めに北川家を訪ねた。家庭の雰囲気を知っておくのも大切な材料である。

麻里子は、泣き出しそうな顔で岡崎さんを迎え入れた。

徹は既に出社しており、居間では大雅君が一人で遊んでいた。

人形を抱きしめ、優しく頭を撫でている。

岡崎さんは、大雅君と二人きりにさせてもらい、近付いて声を掛けようとした。

その途端、大雅君が振り向いて言った。

「おかざきさん、おはようございます」

沈丁花の香りが微かに残っていた。芳香剤などではない、本物だけが持つ豊かな香りである。

岡崎さんは、思わず辺りを見回してしまった。

名前は、前もって麻里子が伝えていたのだろう。この香りも自分の話を信じさせる為に用意してあったのかも。

そう、それに違いない。

自らに言い聞かせ、岡崎さんは大雅君と話し始めた。

その結果、判明したのは全く異常がないということだけであった。

当然といえば当然の結果である。こうなると、やはり問題は麻里子の側にあると判断するしかない。

会話を終える前に、ふと思い立ち、岡崎さんは沈丁花の香りのことを訊いてみた。

「これはおかあさんのにおいだよ。おかあさん、あぶないときに助けてくれるんだ」

その一瞬、背後から巻き付くように沈丁花が香り、岡崎さんを包んだという。


面談を終えた岡崎さんは慎重に言葉を選び、麻里子に診察を勧めた。

麻里子は不承不承といった様子で浅く頷いていた。

それから一週間の間、麻里子は顔を見せなかった。

岡崎さんは気にしながらも、麻里子の自宅を訪ねることはなかった。

母親の状態が悪化し、時間が作れなかったからである。

八日目の午後、麻里子は突然やってきた。

以前とは違い、晴れ晴れとした様子である。

麻里子は、経過報告と御礼に来たのだと言って微笑んだ。

その報告を聞いた岡崎さんは、唖然として麻里子を見つめた。

麻里子は病院に行かず、大雅君を連れて高名なお祓い師を訪ねたのである。

七日間泊まり込み、完璧に綺麗な身体にしたんです、二度とこの子には近付けませんと麻里子は自慢気に胸を張った。

今では何があっても、沈丁花の香りはしないという。


その後、岡崎さんは折を見て北川家を訪問した。

最初は部屋に引きこもっていた大雅君だったが、麻里子の献身的な愛により、心を開いたようであった。

だが、それが返って悲しい結果を招いた。

梅雨の終わり掛けの頃である。麻里子は大雅君を家に残し、近くのスーパーに買い物に出かけた。

出かけるときは曇っていたのだが、帰りは豪雨になった。

大雅君は、麻里子を迎えに行こうとしたらしい。

車が通れない路地を選んだようだ。以前、頻繁に利用していた道である。

そこで大雅君は足を滑らせ、頭を強打した。
発見されたとき、大雅君は既に冷たくなっていた。
大人用の傘を持っていた為、受け身が取れなかったのだろうと言われている。
その日以降、麻里子の姿を見た者はいない。
まだマンションに住んでいるらしいが、全く外には出てこないそうだ。

花言葉は復讐

青山さんの自宅近くに、吉沢という夫婦が暮らしていた。

奥さんは千紗江さんといい、穏やかな微笑みが魅力的な人である。

旦那さんは、とある一流企業の部長だという。

確かにそれと思わせる裕福な暮らしぶりであった。

子供がいない為、猫を何匹も飼っているそうだ。

千紗江さんは、それ以外にもガーデニングを趣味としており、庭の手入れを欠かさない。

どうかすると、庭で一日を過ごすこともある。

そうまでして手掛けた庭は、さすがに見事であった。

その千紗江さんが夫に先立たれたと聞き、青山さんは取る物も取りあえず、吉沢家に向かった。

千紗江さんは穏やかな様子で、ひっそりと通夜の席に座っている。

何もせず、黙ったまま畳を見つめる姿は、訪れる者の涙を誘った。

青山さんも言葉を掛けずに、その場を離れた。

葬儀の間も千紗江さんの様子は変わらなかった。

夫の遺影を見つめ、ぼんやりするだけだ。

喪主の挨拶も、夫の弟と名乗る人物が行っていた。

涙一つ見せない千紗江さんを不審に思う者もいたが、悲しみが大き過ぎるとああなるものだという声に圧されたそうだ。


葬儀を終えて何日か経ったある日、千紗江さんが庭の手入れを再開した。

青山さんは、それを見てようやく安心したという。

通夜から葬儀に掛けての無表情が嘘のように朗らかな顔で、木に話しかけている。

これなら大丈夫かなと判断し、青山さんは近付いて声を掛けた。

予想通り、千紗江さんは輝くような微笑みを返してくれた。

しばらく会話を交わすうち、青山さんは妙な物に気付いた。

庭先には植木鉢が並べてあるのだが、その一つがおかしいのだ。

どう見ても、骨壺なのである。

青山さんの視線に気付いたのか、千紗江さんが笑顔のまま言った。

「良い感じでしょ。アザミの種を植えたところよ」

千紗江さんは、わざわざ手に持って見せてくれたという。
やはり骨壺である。
「特注品なのよ。普通の骨壺と違って、底に穴が開けてあるの」
更に千紗江さんは饒舌《じょうぜつ》になった。
主人が亡くなった直後に頼んだらしく、昨日ようやく届いたのだという。
それまで入れていた骨壺から、こっちへ主人を移して土を盛ったのよ。

千紗江さんは、事もなげにそう言った。
曖昧に頷き、青山さんは自宅に戻った。
何処までが本当のことか分からないが、冗談にしても度が過ぎる。
というか、冗談になってない。
とりあえず青山さんは、全て忘れることにした。
けれどもその夜以降、それが不可能になってしまった。
青山さんの家の居間から、千紗江さんの庭が見える。
あの骨壺の上に、亡くなった旦那さんが泣きそうな顔で浮かんでいるのである。

カーテンを閉めれば見なくて済むのだが、すぐそこに浮かんでいるのだと思うと、どうにも落ち着かない。

こうなったら遠慮している場合ではない。

頭がおかしいと思われても構わない。もっと酷いことをしているのは向こうのほうなのだ。

そう自分を奮い立たせ、青山さんは千紗江さんに見たままのことを言い、骨壺の位置を変えるように頼んだ。

千紗江さんは、あっさりと了承してくれた。

今、骨壺は猫のトイレの横に置いてあるという。

母の絵

太田家の一人娘である京香さんから聞いた話。

京香さんの母である百合子さんは、良妻賢母そのままの女性であった。

暗い顔を見せたことがなく、明朗快活で誰からも好かれる存在だった。

夫に先立たれてしまい、女手ひとつで京香さんと姑の静江さんを養っているのだが、その苦労を微塵《みじん》も見せない。

そのせいか、静江さんとの諍《いさか》いもない。まるで本当の親子のようだったという。


常に何か仕事をしている百合子さんの唯一の趣味が絵画であった。

最低でも週に一度、時間をやりくりして、風景や人物を描いていたそうだ。

それができなくなったのは、三年前の冬。

静江さんが脳梗塞で倒れ、寝たきりになってしまったのである。

それ以来、太田家の日常は、すっかり変わってしまった。

特に変化を余儀なくされたのは百合子さんである。

アパレル関連の企業で正社員だった百合子さんは、退職して近所のスーパーにパートとして勤め始めた。

当時、高校生だった京香さんも百合子さんを手助けし、洗濯や炊事を担当していた。

その家族の頑張りを全て踏みにじったのが静江さんである。

静江さんは、それまでの穏やかな性格が一変した。

脳梗塞の後遺症であり、周囲が理解した上で回復を待つしかないことは分かっているが、怒鳴り散らされるほうは堪ったものではない。

京香さんも大学受験を控えている。

矢面に立ち、孤軍奮闘を続ける百合子さんは徐々に疲労し、着替えもせずにソファーで眠る日もあった。

それでもなお、笑顔を絶やさない母親を京香さんも懸命に支えていた。

少しでも母に安らげる時間をプレゼントしたいと願い、参考書を片手に家事をこなしていたそうだ。

百合子さんは、娘の心遣いを無駄にしたくないと思ったのか、しばらく止めていた絵を再開した。

得意の人物画である。静江さんをモデルに描き始めた。

と言っても、静江さん本人を目の前に描くわけではない。些細なことでも苛立つ静江さんが、じっとしていられる筈がなかった。

百合子さんが描くのは、記憶の中にいる優しかった静江さんである。

少し変わった色を使っていた。

百合子さん曰く、思い出はセピア色だからということである。

絵を描き始めて、百合子さんは元気を取り戻してきたという。

それとは逆に、静江さんは少しずつ弱っていった。

自力では起き上がることすらできなくなった静江さんを、百合子さんは細やかに介護した。

身体を拭い、髪の毛を梳《す》いてやり、爪も切る。

そんな母の姿を見る度、京香さんは目頭が熱くなったそうだ。


そんなある日のこと。

受験勉強中に居眠りしてしまった京香さんは、何か飲もうと台所に向かった。

母と祖母を起こさないよう、足音を忍ばせて向かう。

部屋に戻る途中、祖母の部屋から呻き声が聞こえてくるのに気付いた。

と同時に、母の声も漏れてきた。手伝おうかどうしようか迷っているうち、母の囁《ささや》き声が聞こえてきたという。

「お母さま。髪の毛、もう少し切りますね」

ハサミを使う音がした。どうやら、母は祖母の髪を切っているようである。

こんな夜中に散髪というのもおかしいなとは思ったが、京香さんはそのまま部屋に戻って眠ってしまった。

翌日は休日であった。母は買い物に出かけている。京香さんは、絵の進み具合を見たくなり、母の部屋に入った。

キャンバスに掛けられた白い布を取る。間近で絵を見るのは久しぶりである。

中から現れた絵を見て、京香さんは息を呑んだ。

異様な絵であった。祖母の上半身が丁寧に描かれているのだが、その頭部に毛髪が生えているのだ。

よく見ると、毛髪は一本ずつ植えこまれていた。その為、頭部だけが立体的に浮きあがっている。

こういう手法があるのかもしれないが、余りにも不気味である。

それともう一つ。絵は相変わらず一色のみで濃淡を付けて描かれている。その絵の具が側に置いてあった。

ペットボトルに入った血液である。

京香さんは吐き気をこらえながら部屋を出た。

自室に戻る前に祖母の部屋を覗く。祖母は眠っている。その頭部は、殆ど坊主にされていた。


京香さんは、戻ってきた母に祖母の頭を刈った理由を訊いた。

夏だから汗をかいて気持ち悪くなるからと、母は答えた。

じゃあ、と言い掛けて京香さんは口を閉じた。

絵のことを訊いてはならないと思った。

その代わりと言っては何だが、時折、母の部屋に忍び込んで絵を確認するようにした。

毛髪部分は完成したようである。次は手に取り掛かっているようであった。

絵の中の祖母は膝の上に手を置いている。その手に本物の爪が貼り付けてあった。


結局、絵は未完成のままで終わった。

静江さんが亡くなったからだ。

ようやくこれで辛かった日々から解放される筈だったのだが、そうはならなかった。

静江さんが亡くなってからも、百合子さんの自室に現れるからだ。
何をするでもなく、畳の上に横たわっている。
時折、呻く。
それだけなのだが、百合子さんは着実に壊れていった。
今現在、百合子さんはパートを辞め、自室に閉じこもっている。
自らの手で、自分を坊主頭にしてしまった。
爪も剥いでしまう為、家事は一切できない。
京香さんは大学進学を諦め、派遣社員として働き始めたという。

56

手首

今年の夏のことである。

三木さんは友人の寺田さんから相談を受けた。

新しいアパートに越してから、嫌な夢を連続して見るという。

寺田さんは自らの手首をじっと見つめながら話し出した。

夢に現れるのは女の子が一人。

三つ編みということは分かるが、顔がはっきりしない。

着ているのはセーラー服だ。

その子が、すっと左手を前に出す。続いて挙げた右手には、細身の包丁を持っている。

包丁は、左手首をあっさりと切り裂いた。一度ならず、二度、三度。

目を覆いたくなる光景なのだが、夢の中では身動きが取れず、じっと見守るしかできない。

散々うなされてようやく目が覚めるのだという。

怖くて堪らないから、何とか今夜一晩だけでも泊まってほしいと寺田さんは頭を下げた。

大切な友人の願いだ。断る理由などない。

早速その晩、三木さんは寺田さんとともに大学を後にした。
大学の最寄り駅から二つ目で降り、山手に向かって歩き出す。
途中、コンビニに立ち寄って夕食用の総菜を買い求めた。
悪夢は、就活に疲れたストレスによるものだと三木さんは推測していた。
ならば、思い切り楽しい夜を過ごせば何とかなるのではないか。
そのように考えたのも無理はなかった。
思惑が当たり、寺田さんは心から楽しんでいるようである。
これだけ楽しい雰囲気で寝るのだから、悪い夢など見るわけがない。
寺田さんもそう思っているらしく、微笑みを浮かべたまま布団に潜り込んだ。
外は静かである。時折、車や人が通るだけだ。
寺田さんの安らかな寝息を聞いているうち、三木さんもいつの間にか眠ってしまった。

数分後、もしかしたら数十分後。
ふと目が覚めてしまった三木さんは、身体を起こして辺りを見回した。
ぼんやりと灯りが照らしている為、室内の様子が分かる。
隣には寺田さんがいる。ぐっすりと眠っている。

次の瞬間、三木さんは息を呑んだ。
寺田さんの足元に女の子が現れたのである。セーラー服を着た三つ編みの子だ。
右手に細身の包丁を持っている。
女の子は持っていた包丁で、左手首を切りつけ始めた。
正に寺田さんが言っていた悪夢そのものだ。
手首から飛び散る血が、寺田さんの布団を赤く染めていく。
徐々に寺田さんがうなされていくのが見て取れる。
三木さんは怖いのも忘れ、思わず叫んでしまった。
「止めて。何でそんなことするの」
女の子は三木さんの問い掛けを無視し、何度も何度も包丁を手首に叩きつけ始めた。
今にも切断されそうだ。
三木さんはもう一度叫んだ。今度は単なる悲鳴であった。
その瞬間、女の子は消えたという。布団を染めた血液も消え失せていた。
数分後、寺田さんも泣きながら目を覚ました。
動揺しているせいか、拙《つたな》い表現で説明し始める。
「また出た。手首落ちそうだった。いっぱい血が出て、私にびしゃぁってかかった」

三木さんは自分も見たと説明した。夢ではなく、実際に見たとは伝えなかった。

これ以上、怖がらせても仕方ないと思った。

とにかくこのままでは、友人が壊れてしまう。

心配した三木さんは、しばらくの間、寺田さんを自宅に泊めることにした。

寺田さんも素直に従った。


寺田さんが、三木さんの部屋で過ごす最初の夜のことだ。

仲良く並べた布団で、とりとめもないことを話しているうち、いつの間にか二人とも眠りに就いていた。

三木さんは、ふと目を覚ました。

隣で寺田さんが安らかに眠っている。その足元に、あの女の子が立っていた。

昨日見たのと同じ格好だ。同じように包丁を手首に叩きつけ始めた。

昨日とは違うことがあった。

とうとう、手首が落ちたのである。女の子は落ちた手首を拾い上げ、寺田さんに投げつけた。

そこまでやってから、女の子は手首とともに消えた。

その数分後、寺田さんは目を覚まし、何も言わずに服を着替え始めた。

三木さんが懸命に引き留めたのだが、寺田さんは沈黙を保ったまま、部屋を飛び出していった。

寺田さんは、その後もあのアパートに住み続けている。

三木さんを始めとして、友人達全員との接触を断ったそうだ。

見かけた人によると、左手首に凄まじい数の傷痕が付いていたという。

守ってあげたい

須藤君が、果穂と出会ったのは大学四回生のときだ。

他の大学との合同コンパである。

可愛いのに影のある子というのが、初対面の印象だった。

好んで近付きたくなるような女性とは思えなかったらしい。

果穂のほうは何を思ったのか、事ある毎に須藤君に近付いてきた。

須藤君は、中学・高校を通じて二人の女性と付き合ったことがある。

果穂は、その二人に比べると可愛いのは確かだ。

少々静か過ぎる面はあるが、騒々しいよりはマシである。

友達以上に発展するのに時間は掛からなかったという。

けれども、結局は初対面の印象が正しかった。

果穂は、自意識過剰型の女であった。要するに、自分が愛されていることに絶対的な自信を持つタイプである。

付き合い始めた当初は、おとなしく後ろに付いてきていたのだが、関係が深まっていくにつれ、独占欲を露わにするようになった。

服を選ぶとき、食事時、果穂は自分の好みを押し付け、否定されたら途端に機嫌が悪くなる。

私は貴方のことを誰よりも理解しているから、任せておけば絶対に大丈夫なのと目をつり上げて声を荒らげる。

面倒臭くなってきた須藤君は、果穂に電話して別れを告げた。

返ってきた言葉はこうである。

「それで明日のデートはどうする？　私、美術館がいいな」

もう一度きっぱりと告げたのだが、果穂は一方的に待ち合わせの時間と場所を決め、それ以後は留守電に切り替えてしまった。

須藤君は、腹が立つより先に怖くなったという。

このままにしておくと、執拗《しつよう》に付きまとわれるに違いないと判断し、友人の中山に仲立ちを頼んだ。

中山は笑顔で請け負ってくれた。

翌日、須藤君が部屋でくつろいでいると、唐突にドアが激しく叩かれた。

「須藤君、遅刻だよ」

果穂であった。

音楽を流していた為、居留守も使えない。

迷っていると、果穂は勝手に鍵を開けて入ってきた。

鍵を渡した覚えはない。

「お前、その鍵どうしたんだよ」

須藤君が問い詰めたが、果穂はそれには答えず、今日の予定を読み上げ始めた。

「で、最後はいつものホテルね。あ、それと」

はしゃいでいた果穂が突然、静かに言った。

「中山とかいうバカ、もう来ないと思うよ」

須藤君は震えながら着替え、果穂の思うように動いた。

果穂の言う通り、中山には連絡が付かなくなった。

それから大学を卒業するまでの数カ月間、須藤君はできる限り果穂が気に入るような言動を心掛けたという。

社会人になり、ようやく果穂から逃げ出せる機会が訪れた。

須藤君は独身寮に入ったのである。

これにより、果穂は部屋に侵入できなくなった。

会えるのは外だけである。

果穂自身も働き始めており、デートの時間は激減した。

当然、毎日のようにメールや電話は掛かってくるが、仕事を理由に短時間で終わらせる。

返事をせずに無視したときもあったが、百件を超える着信履歴が恐ろしくなり、とりあえず出るだけは出るようにしたそうだ。

須藤君は独身寮で暮らしながら、着々と準備を整え始めた。

会社が募集していた海外研修に応募し、見事合格したのである。

二カ月の研修を終えて帰国したときには、独身寮ではなくアパートを借りる手配も済ませた。

無論、果穂には秘密である。

出発の前日に新たな携帯電話を手に入れ、果穂以外はそちらから連絡するようにした。

現地へ向かう飛行機の中で、須藤君は正に飛ぶような気持ちだったという。

それだけの苦労に見合う成果はあった。

二カ月の間、果穂からの接触は一切なかった。

同僚からの連絡によると、しばらくの間、それらしき女性が会社の前に佇んでいたらしい。

それもいつの間にか来なくなっていたとのことであった。

こうして須藤君は自由の身となった。
少なくとも研修期間中は。
帰国して新たな土地で暮らし始め、僅かに三日目。
洗濯物を干していた須藤君は、強烈な視線を感じて顔を右に向けた。
通りを挟んだアパートの屋根に果穂がいた。
思わず目を逸らし、もう一度恐る恐る見る。
誰もいない。
錯覚。見間違い。その手の言葉で納得できない生々しい姿であったという。
その日が始まりであった。
果穂が様々な場所に現れるようになった。
勤務中、窓の外を見る。隣の屋上にいる。
食事時、店の厨房《ちゅうぼう》の中にいた。
洗面所、鏡に映り込んでいた。
幻だと思いこもうと努力する須藤君をあざ笑うように、果穂は頻繁に出没し始めた。

更に果穂は、一歩踏み込んだ行動に出るようになった。
須藤君のサポートである。
それは須藤君が上司の叱責を受けていたときのことだ。
話の途中、唐突に上司が黙り込んだ為、須藤君は俯《うつむ》いていた顔を上げた。
ぽかんと口を開けたままの上司の真後ろに果穂がいた。
呆然と見守る須藤君の目前で、果穂は微笑みながら消えた。
その途端、上司はぼんやりとした口調で話を再開した。
「ええと……とりあえず気を付けるようにな」
それで終わりであった。
その夜、同僚との飲み会の席で、須藤君は柄の悪い若者に絡まれた。
一触即発という場面で、またしても果穂が現れた。
果穂が肩に触れた瞬間、若者は虚ろな顔で非礼を詫び始めた。
その後も須藤君に危害が及びそうなとき、必ず果穂が現れるようになった。
そこまでやっているのに、果穂は須藤君に直接話しかけてこようとはしない。
そもそも、実在しているのかどうかも分からない。

直接、本人に訊くと今までの苦労が水の泡になる為、須藤君は何もできないままである。

今も果穂は須藤君のサポートを続けている。

飛ぶ妻

栗山さんは自他共に認める恐妻家である。

奥さんの杏奈さんは聡明で美しく、常に夫を立てる良妻であり、恐れる理由など何一つない。

原因は全て栗山さんにある。

栗山さんは女癖が悪いのだ。早い話が下半身の欲望に忠実な人間なのである。

強面な外見の割に、細やかな気配りを欠かさないせいか、浮気相手には不自由しないらしい。

今年の春、とある出来事が起こるまで、自分では上手くやっているつもりだったという。


その日、栗山さんは明美という人妻を連れ、特急列車に乗っていた。

飲み屋で知り合って意気投合した相手である。

杏奈さんには、いつものように出張と偽ってきた。

行き先は東北地方の温泉宿。幸いといっては何だが、車内は空いている。

でれでれと鼻の下を伸ばし、人目をはばかることなく戯れ合いながら旅を楽しんでいた。

幾つ目かのトンネルに入って数分後、栗山さんは誰かの視線を感じた。

通路には誰もいない。周辺も空席のままだ。

首を傾げつつ、改めて明美を抱き寄せようとした瞬間、窓ガラスの外に異様なものを見つけた。

横向きに飛ぶ人間である。しかも見覚えのある顔だ。無表情でこちらを見つめているのは、間違いなく杏奈さんだった。

思わず目を逸らした栗山さんは、そんな馬鹿なことがあるものかと思い直し、もう一度そろそろと窓を見た。

飛んでいる。どうやってだか、そこにいる。見慣れたブラウスとジーンズ姿だ。

混乱する頭を整理するうち、列車はトンネルを出た。

その途端、杏奈さんも消えた。

あと数分で目的の駅に着く。栗山さんは、自分の良心が見せた幻だと割り切り、とりあえず旅行を続けることにした。

予約していた旅館に着き、二人きりの時間を過ごす。夜になり、連れ立って露天風呂に向かった。

風呂までの長い廊下は、左右に窓があった。ゆったりと進むうち、栗山さんは昼間と同じ視線を感じた。

嫌な予感に襲われながら、そっと窓に目をやる。

予感は当たっていた。左側の窓に杏奈さんがいる。貼り付くようにして栗山さんを凝視している。

のけぞる栗山さんの隣で、明美がぽつりと言った。

「あら。またいた」

驚く栗山さんに腕を絡ませ、明美は強引に歩き出した。

杏奈さんも窓から窓へ飛び移ってついてくる。

露天風呂には何人か先客がいたせいか、杏奈さんは姿を消した。

風呂上がりに待ち合わせ、部屋に戻る途中、杏奈さんはまたもや現れた。

「律儀なものねぇ」

明美は面白そうに笑っているが、栗山さんはそれどころではなかった。

逃げるように部屋に戻り、まずはスマートフォンを調べる。

連絡は来ていない。

明美は髪をタオルで拭きながら、客室の障子を開けた。

「ほらやっぱり」

大きな窓の外に杏奈さんが浮かんでいた。

明美は微塵も気にならない様子で、栗山さんに抱きつこうとしている。

栗山さんは明美を振り解き、布団に潜り込んだ。

明美は爆笑している。

一瞬、怒りが恐怖を打ち消した。お前は怖くないのかと栗山さんが詰《なじ》ると、明美は事もなげに言った。

「今まで何もなかったんだから大丈夫よ」

それでも二の足を踏む栗山さんに苛立ったか、明美は重ねて言った。

私はああいうのが見えてしまうタイプだけど、側にいる人も影響を受けて見えちゃうらしいのよ。

だからあんたは、今日に限って見えただけ。

でもね。奥さん、浮気する度に毎回毎回付いてきてたと思うよ。

明美がそう言い放った途端、窓の外から軽やかな笑い声が聞こえた。

確認するまでもなく、杏奈さんの声だと分かったそうだ。

帰りは飛行機を使ったのだが、何と杏奈さんは翼の上に座っていたらしい。

覚悟を決めて、家に入る。

杏奈さんは、いつもと変わらぬ笑顔と態度である。

夕食が終わり、杏奈さんは食器を洗いながら話し始めた。

「変な夢を見たの。私、いろんなところを飛び回ってたのよ」

そう言って軽やかに笑ったという。

先週死んだ東田

「そう言えば先週、俺死んだんだよ」

いきなり東田が馬鹿なことを言い出した。


俺ね、ほら太ってるせいか心臓が悪いでしょ。

だからちょっと痩せようと思って、ジョギングを始めたの。

学生の頃はラグビーやってたから、脚力には自信があったし。

ところが全然ダメ。

ちょっと走っては歩き、また走っては休み、またまた走っては水を飲み、なんて感じで二キロほど進んだらね。

物凄く胸が痛くなってきて、一歩も進めなくなってさぁ。

不味い、これはヤバい、としか思えないのな。誰か救急車をお願いしますとか叫べない。

ただひたすらヤバい、ヤバいって。

で、最後にキツイ奴が来たなと思ったら、意識が飛んで真っ黒になった。

気付いたら、俺、空中にいたんだよ。

上のほうから自分を見下ろしてる状態。

びっくりしたよ、そりゃもう。

起きろ、死ぬな、まだやり残したこと沢山あるだろ、なんて叫んでも俺には聞こえない。

弱ったな、これでいよいよオシマイかって泣いてたら、野次馬がわらわら寄ってきて、その中の一人が持ってきたんだよ。

あれ、ほら、そう、ＡＥＤって奴。電気ショック。

俺のシャツをベリッて破いて、くそ、高かったんだぞあのシャツ。

電極っての？　あれを二つ付けて、離れてください、って。

次の瞬間、ドンってスゲェ衝撃が来て、気付いたら俺は俺の中に入ってた。

綺麗な青空だなーって。生きてて良かったなーって。


で、だな。

ここからが問題発言なんだけど。

助かった直後だから、まだ死と繋がってたんだと思うんだ。

だから妙なものが見えた。

俺の爪先から黒い煙がモクモクって出て、それが人の形になったんだよ。
ひょっとしたらこいつ、死神的な奴かなって。
そしたら、その死神、俺をスマホで撮影してる野次馬のギャルに入ったんだ。
入ってすぐはどうもないみたいだな。
時限爆弾的な奴かもな。
そこから先は分かんない。
俺、救急車に乗せられたから。

東田はジョギングからウオーキングに変えたそうだ。

真紅

猪田さんは幼い頃から、他人には見えないものが見えた。

ぼんやりした黒い影だが、辛うじて人の形を保っているという。

樹木の下や電柱の後ろ、屋根の上にいたこともあるそうだ。

ただ、その影達はそこにいるだけで、何かしでかすわけではない。

その為、特に怖いとは感じなかったらしい。

それがこの世のものではないと知ったのは、小学校に入って間もない頃だ。

同級生の会話に出てくるオバケというものが、常日頃から見ていた黒い影だと思い当たったのである。

それでもなお、恐怖心は湧かなかった。

小学校の校内にも黒い影はいたのだが、外の影と同じく弱々しい存在であった。

三年生になった頃、校舎の改築が始まった。

しばらくの間、旧校舎を使うことになった。その初日、猪田さんは今までとは違う影を見た。

旧校舎の二階奥にある女子便所である。

そこにいたのは黒い影とは違い、鮮やかな真紅の影であった。

赤い影というのも妙な言い方だが、そう表現するしかないという。

赤い影は、猪田さんの隣にいた村上さんという女の子に飛び移り、肩に跨った。

その途端、村上さんはその場に崩れ落ちて失神した。

救急車に乗せられた村上さんは、結局その日を最後に学校に来なくなった。

それ以来、本当に怖いのは黒い影ではなく、真紅の影だというのが猪田さんの持論となった。

とはいえ、そこまでのものは滅多に現れない。

黒く、弱々しい影ばかりである。

ある日のこと、猪田さんは祖父の見舞いに出かけた。

精力的で活発な祖父だったが、散歩中に突然倒れたのだという。

病室に入った直後、猪田さんは祖父の枕元に浮かぶ真紅の影に気付いた。

以前、女子便所で見たのは鮮やかな真紅だったが、病室にいたのは深く、濃い真紅であった。

結局、祖父は三日目の朝を迎えることなく逝った。

猪田さんもその場に居合わせたのだが、祖父が息を引き取るまで影は離れなかったらしい。

亡くなった瞬間、影は一瞬真っ黒に変わり、再び真紅に戻りながら消えたという。

巨顔

吉木さんは根っからの祭好きである。

近辺の祭は勿論、遠く東北や九州まで足を運ぶそうだ。

その為だけにボーナスを貯め込んでいるぐらいである。

そこで撮影した写真は、きちんと都道府県毎にまとめてパソコンに整理する。

祭がないときは、それを見返すのが何よりの楽しみだという。


いつものように撮影データをパソコンに転送しているときのことだ。

先日訪れたばかりの関西地方の祭である。

土産に買った日本酒を飲みながら、作業を続けていく。

今回から新しいカメラを使っている。今まで使っていたものよりも、かなり高い機種だ。

さすがだな、写真から熱気が伝わってくるようだ等と自画自賛していた吉木さんは、ふと妙なことに気付いた。

山車が走り抜ける瞬間を連写していたのだが、その中の一枚に並外れて大きな顔の男がいる。
最初に見つけたとき、何かの被り物かと思ったそうだ。
そう思わざるを得ないほど、その顔は大きかった。通常の顔の二倍はある。
口を大きく開け、目尻を下げ、笑っているようにも泣いているようにも見える。
画像を拡大してみると、余計にその大きさが目立つ。
しかも大きいのは顔だけだ。身体は普通である。
何故か周りにいる人達は気にしていない様子だ。
男が写っているのは連写された中のワンカットのみである。
前後には写っていない。突然その場所に出現したとしか思えなかった。
薄気味悪いのは確かだが、だからと言ってどうすることもできない。
吉木さんは、とりあえず男の画像を削除した。

その翌週。
吉木さんが出かけたのは山陰地方の祭だ。
長い歴史を誇る祭を楽しんだ後、宿に向かう。
疲れた身体を温泉で癒した後、部屋に戻って画像の確認である。

今回も満足のいく出来だと喜んだのも束の間、吉木さんは再びあの男を発見した。

驚いたことに、男は屋根の上に立っている。

前回と同じく普通の身体に巨大な顔で、祭を見下ろしていた。

泣き笑いの区別が付かない点も同じだ。

男が写っていた画像は三枚。前後を確認したが、やはり唐突に現れていた。


吉木さんが次に選んだ旅先は、東北地方である。

今回、吉木さんは普段よりも多く群衆を撮影した。巨顔の男がどうにも気になって仕方なかったという。

心の片隅では、そんなことが起きるわけがないと思いながら、その場で撮影済みの画像も確認していく。

祭の行列が始まって十五分ほど経った頃、とうとう吉木さんは男を発見した。

ついさっき撮ったばかりの画像だ。

通りを挟んだ目の前である。慌てて顔を上げたが、見つけ出すことはできなかった。

その後も巨顔の男は、必ず写っている。

全国何処の祭でもだ。

何故、突然写り込むようになったのか、何をしているのか、そもそも正体は何なのか。

その全てが一切不明である。

最近、もう一つ気になる点ができた。

毎回ではないのだが、男の周りにいる人達の顔面が歪むようになってきたのである。

強い力で押されたような歪み方をしているという。

鳥居

その日、仲田さんは友人の徳丸と竜崎の三人で飲む約束をしていた。

待ち合わせ場所は自宅から徒歩圏内の居酒屋だ。

約束の時間に到着すると、二人は早くも杯を交わしつつ、楽しげに話していた。

仲田さんも生ビールを注文し、二人の会話に参加した。

二人が盛り上がっていたのは心霊スポットの話である。

どうやら新たな情報を仕入れたらしい。

ここから車で一時間程の場所にある廃屋だ。

外見はありきたりなのだが、中が凄い。

家の中一面、ありとあらゆる場所に大量の御札が貼ってある。

壁や窓などは勿論のこと、天井や床、果ては水道の蛇口にまで貼ってあるそうだ。

そうまでして何を避けようとしたかは分かる筈もないが、中にいるだけで身震いしてくるという。

「で。どうする」

「どうするとは」

今から行こうと言うのである。

否も応もない。仲田さんは折角の居酒屋で一杯も飲ませてもらえなかった。

後から好きなだけ奢《おご》ると言い含められ、仲田さんは一旦戻って車を取ってきた。

徳丸も竜崎も酒に強く、結構飲んでいる筈なのに酔った素振りを見せない。

これならば道案内も安心である。

以前にも幾度か、この二人に付き合って心霊スポットを訪ねたことがある。

その都度、大騒ぎしながらの探検になるが、それは何よりも楽しい時間であった。

それほど愛して止まない心霊スポット探検だが、それらしき現象に遭遇したことがない。

また何も起こらなかったと嘆くのが常であった。

だが、今夜こそ何か出てくるかもしれない。話を聞いた限りでは、良い感触がある。

仲田さんは気合い十分で車を走らせた。


まず目指すは、県境のトンネル。

そこを抜けて五分ほどの集落にある家だ。

集落自体が廃墟らしいから、より一層楽しめるぞと竜崎が笑う。

馬鹿話に興じながら車を走らせていくと、目的のトンネルが見えてきた。

ここもまた良い雰囲気がある。

ナトリウム灯が放つオレンジ色の光が、トンネルを陰鬱《いんうつ》な空間に染めている。

いよいよ気分が盛り上がってきたのか、徳丸が取って置きの怪談を語り出した。

残念ながら話は途中で打ち切られた。

集落に到着したのである。

三人はそれぞれ懐中電灯を点け、足を踏み入れた。

ざっと見渡したところで、家は五軒。目的の家は一番手前にあった。

三人は互いに頷き合い、家の中に踏み込んだ。

入った瞬間、仲田さんは思わず感嘆の声を漏らした。

確かに御札だらけである。手が届きそうもない場所にまで、きっちりと貼ってある。

よくこれだけ集めたものだと、三人は改めて感心したという。

丁寧に調べてみると、いずれも種類が違う。それぞれの御札に共通点があるかどうかは、素人である三人には分からなかった。

辺りを照らしながら家の中を奥へと進んでいく。

話に聞いた通り、水道の蛇口にまで貼ってある。タンスやテーブルが残っていたのだが、当然のようにそれらにも貼ってあった。
そのとき、窓に貼られた御札の隙間から、外を覗いていた徳丸が気付いた。
隣の家の窓にも御札が貼られているというのだ。
三人は早速、隣の家に向かった。
ドアは開放したままになっている。玄関に入り、中を照らしてみる。
やはり、一軒目と同じく御札だらけだ。
竜崎が、残る家も全て見てみようと言い出した。
勿論、反対する者はいない。
歩き出そうとした瞬間、微かに笑い声が聞こえた。
「何か聞こえたよな」
竜崎が振り返って訊いた。仲田さんと徳丸は同時に頷いた。
「これはマジで何かあるかも」
「やべぇ、俺鳥肌立ってきた」
半ば怯え、半ば喜びながら三人は次々に家を探索していった。
やはり、どの家も御札で埋め尽くされている。もう一つ、各戸に共通する点があった。
ついさっきまで住人がいたような雰囲気なのだ。

食卓の上に食器が並べてあったり、洗濯物が干したままだったり、目に見える具体的な要素以外にも、人が生きて暮らしている質感がある。

人が住まなくなった家は、独特の湿り気があるというのが仲田さんの持論である。

この集落の家は、少なくともその条件には当てはまらなかった。

四軒目の探索を終え、残りは一軒のみである。

最後の一軒は、少し遠くにあるようだ。懐中電灯が辛うじて届く距離である。

三人は足元に注意しながら近付いていった。

近付くにつれ、家の全貌が見えてきた。

と同時に、三人の足が止まった。外見が今までのものと明らかに違う。

それまでの家とは異なり、外壁が彩られている。

しかも、御札は一枚も貼られていない。

その代わりに鳥居が打ちつけられている。

十センチ程度の小さな鳥居だ。市販のものもあるが、殆どは手作りのようだ。

四本の木を組み合わせ、朱色に塗っているだけだが、間違いなく鳥居である。

鳥居は隙間なく壁を埋め尽くしている。

鳥居を怖いと感じる人は少なかろうが、これだけ集まるとさすがに異様である。

三人は、とりあえず中に入ろうとした。
だが、この家だけは鍵が掛かっていた。仕方なく横手に回ると、縁側に辿り着いた。
徳丸が足元の石を拾い上げ、大きく振りかぶった。
幾ら廃屋でもそれはやりすぎである。仲田さんは止めようとしたのだが、一瞬遅れた。
派手な音を上げ、ガラスが割れる。
徳丸は、割れた窓から手を差し入れて鍵を外した。
入ってみると、やはり中にも鳥居が打ちつけられている。
廊下を奥へと進んでいく。どこもかしこも鳥居だらけである。
竜崎が最後の部屋のドアを開け、中に入った。
入った途端、慌てて飛び出してきた。
「すいません、怪しい者じゃないです。窓の弁償はさせてもらいます」
部屋の中にいる誰かに対し、深々と頭を下げている。
お前らも謝れと言われ、仲田さんと徳丸も近付いて中を覗き込んだ。
竜崎が慌てるのも無理はなかった。
部屋の中には、この家の主と思しき老人が座っていたのだ。
かなりの高齢に見える。

老人が三人を舐め回すように見つめた。

見られた途端、仲田さんは気が遠くなったそうだ。

気が付くと仲田さんは、老人の横に座っていた。

竜崎も徳丸も並んで座っている。部屋の中には一段と大きな鳥居が設えてあった。

老人がお経のような何かを唱え始めた。何を言っているのか全く分からないが、三人は老人の後に続いて唱和していたという。

読経が終わり、老人が深々と頭を下げた。つられて三人も頭を下げる。

顔を上げたときには、老人の姿は消え失せていた。

急激に怖さが増してきた仲田さんは、必死に家の外へ逃げ出した。

竜崎は付いてきているが、徳丸が来ない。

見捨てて帰ることなどできる筈がない。仲田さんと竜崎は、さっきの部屋に戻った。

徳丸さんは先程と同じ場所に座り、奇妙な読経を延々と唱えながら、上半身を揺らしていた。

二人で抱き抱えて車に戻り、来た道を辿る。

トンネルに着く頃には、徳丸は正気に戻っていた。

何故ここにいるのか、あの家で何をしていたのかも覚えていないようであった。

トンネルに入った途端、徳丸は身体中が痛いと訴え出した。
胸も腹も背中も、何かに刺されたような痛さだという。
確認しようと車を停め、服を脱がす。現れた身体を見て仲田さんと竜崎は呻いた。
徳丸の全身に鳥居が刻まれていたのである。
何かで引っかいたようなものもあれば、鋭く切り裂かれたものもある。
徳丸は痛い痛いと喚きながら車から飛び降り、集落へ向かって走り出した。
仲田さんと竜崎は全力で追いかけたが、徳丸は異様な速さで遠ざかっていく。
ようやく集落に到着したときには、徳丸は何処にも見当たらなかった。
今すぐ山中も捜索したいが、懐中電灯だけではどうしようもない。
これ以上探し回ると、自分達が遭難してしまう可能性がある。
二人は夜明けを待って、再び探し始めた。
だが、どうしても見つからない。
これは通報したほうがいいかもしれないと考え、とりあえず山を降りることに決めた。
結局、徳丸は三日後に付近の街中を彷徨《さまよ》っているところを保護された。
鳥居の傷痕は顔面も覆い尽くしていたという。

あの集落は一体何だったのかは今でも分からない。
ただ、御札と鳥居について仲田さんには私見がある。
何かを拒否するか、或《ある》いは受け入れるかの違いではないかとのことだ。

黒きもの

亜由美さんが親戚の法事に出席したときのことである。

新婚の亜由美さんにとって、夫の実家で迎える初めての法事であり、大歓迎を受けたという。

男性陣は肴もなしに、杯を酌み交わしている。女性陣はお喋りに夢中だ。

「ではそろそろ参ろうかな」

賑やかな場をぴしりと叩くように、一人の老人が大声で言った。皆が一言「応」と返して立ち上がる。

夫が亜由美さんを呼び寄せ、手短に説明をしてくれた。

これから離れで会食が始まるが、その前に特別な儀式がある。先に行くのが男性、その後に女性が続く。合図があるまで顔は伏せたままだ。

なおかつ、主催者以外の参加者は、儀式が終わるまで一言も発してはならない。それから先は普通に飲食しても構わない。

男女とも、二十歳を過ぎた縁者しか入れない。

以上が古くからの習わしだという。入るのは勿論、見るのも初めての場所である。

渡り廊下を進み、一段低くなった先に離れはあった。

本来はこちらが母屋だったのだが、何かと不都合が生じた為に増築したらしい。

入るのは勿論、見るのも初めての場所である。

一応、亜由美さんは縁者だが、初参加ということで末席に座らされた。

場は、先程までの賑わいが嘘のように静まり返っている。

「皆、面を上げよ」

厳かな声で会食の儀式が始まった。

亜由美さんは、そっと顔を上げた。十二畳ほどの広い板の間だ。

窓はなく、四方に立てた燭台だけが灯りだ。

正面に祭壇らしきものが設えてある。

全員、それに向かって座っていた。

祭壇には、暗く深い緑色の布が被せられている。何かを覆ってあるようだ。先程の老人が近付き、その布を捲った。

現れたのは、四角い石であった。

かなり古いものらしく、全体を苔が覆っているのだが、見た瞬間に墓石と分かる雰囲気があった。

老人の合図により、全員が一斉に墓石に向かって土下座を始めた。

亜由美さんも慌ててそれに倣う。たっぷり五分は頭を下げていた。

その後、全員が再び顔を上げたのを確認後、老人が墓石に向かって感謝の言葉を述べ始めた。

それに対して全員が我が意を得たりとばかりに、無言で一々頷く。

亜由美さんは真似をしているうち、妙なことに気付いたという。

墓石を見ているにしては、顔の角度がおかしい。

試しに自分も同じような角度に合わせてみた。視線の行く先は、墓石から一メートルほど上の空間である。

これもまた、習わしの一つだろうと解釈し、亜由美さんは儀式が終わるのを待った。

「それでは餐《さん》を」

老人の一声で儀式は終わり、宴会が始まった。

墓石の前で飲み食いするうち、何となく気分が悪くなってきた亜由美さんは、夫を誘って離れの外に出た。

辺りを気にしつつ、石の意味と、皆が何処を見ていたかを訊いてみる。

「ああ、あれね。そうだな。今のうちに言っておいたほうがいいか」

軽く頷き、夫は話し出した。

あの石は御先祖様の墓石である。毎年、この日には降りてきてくださる。

勿論、普通の人には見えない。でも、この家の血縁者なら全員見ることができる。

「僕らが見ていたのは、墓石の上に浮かんでいる御先祖様なんだよ」

いつも通りの表情である。ふざけているのではなさそうだ。

あの中で見えないのは自分一人だと思うと、些か不安ではあるが、これぱかりはどうしようもない。

亜由美さんは、諦めて離れに戻ったそうだ。

飲食を楽しみながら、皆が時折、墓石に向けて乾杯している。

そこに御先祖様がいるとすれば、おかしな行動ではないのかもしれない。

亜由美さんは何度か試したが、結局最後まで気配すら感じ取れなかったという。


その翌年、同月同日。

夫の実家に向かう亜由美さんの腕の中には、珠のような男の子がいた。

昨年に引き続き、大歓迎である。

義父母は、これで我が家は安泰だと大袈裟なまでに喜び、涙すら浮かべている。

幸いにも赤ん坊が眠った為、亜由美さんは昨年と同じく、会食に参加することとなった。

二度目ともなれば、勝手は分かっている。

俯いたまま静々と進み、末席に座る。

「皆、面を上げよ」

当然の如く、昨年と同じ光景である。取り去った布の下に墓石、全員が土下座。

そして再び顔を上げる。

その次が違った。

亜由美さんにも御先祖様が見えたのである。

悲鳴を上げようとした瞬間、隣に座っている義母が手を握って優しく言った。

「怖がらなくても大丈夫。私も初めて見えたときは驚いたわ」

赤ん坊を産んだことで血が繋がり、見えるようになったのだという。

様子を見ていた夫が、嬉しそうに近付いてきた。

「良かった。見えるようになったんだね」

少しも良くない。

亜由美さんは正直に言った。

あれは一体、何なのか。

あれが御先祖様なのか。脚が沢山生えている真っ黒な蛸じゃないか。

問い詰める亜由美さんに笑顔を見せながら、夫は言った。

「とても古い御先祖様なんだよ」

その当時は嫌で堪らなかった亜由美さんだが、今ではすっかり慣れてしまったという。

群れる秘仏

曽根さんは寺社建築の専門業者である。

一昨年の春、関西地方のとある寺から見積もり依頼を受けた。

内容は本堂の改修工事。

かなり前に一度だけ、二代目だという住職から門の補修工事を請け負ったことがある。

田舎の小さな寺だったが、人好きのするその顔はすぐに思い出せた。

今回は本堂であり、決まれば大きな金額が動く。

曽根さんは勢い込んで現地に向かった。

久しぶりの寺を見て、曽根さんは眉を顰《ひそ》めた。何とも派手な門に変わっていたのである。

名園ありだの、重要文化財はこちらだの、安っぽい看板が林立している。

どう見ても自分が手掛けた門ではない。

場所を間違えたかと思ったぐらいだという。

厳粛、荘厳、品格などといった言葉から遠く離れた外観であった。

そもそもこの寺は、どの宗派にも属さない個人が作ったものだと聞かされていた。

いわゆる単立の寺と呼ばれるものだ。

資産家だった先祖が地域の為に建立したのだと住職は言っていた。

その言葉に相応しく、誰でも気安く入れるような寺であったのを覚えている。

曽根さんは数多くの寺を見ている。経験上、このような外観を好む住職がどのような人物か想像できたという。

一言でいうと拝金主義者である。

その予想は的中した。

現在の住職は三代目、正式な修行はしていないらしい。

寺を案内しながら、「これは有名な彫刻家に作らせた像で」とか「この石は、わざわざ四国から運んできた霊験あらたかなもので」等と自慢する。

子宝の黒牛、金運招来の恵比寿様、惚《ぼ》け封じの観音様まであるという。

言葉の端々から、自分の寺を観光地にしたい想いが溢れ出していた。

予想通りの人物である。

曽根さんは、適当に話を合わせながら本堂に向かった。

その間も自慢は止まらない。

歌手を呼んだだの、外車の展示会を開催しただの、住職というよりはイベント屋である。

その割には、境内に人影がない。観光客どころか、地元の参拝者すら見当たらない。

当然ながらそこには触れず、曽根さんは本堂の改修について質問した。

「うーん、何て言えばいいのかな。地味なのよ。こう、パーッと目立つようにしてもらえたら」

そんなところだと予想はしていたが、余りにも曖昧な注文であった。

こういう施主に限って、ありとあらゆる細かい点にダメを出してくるものである。

萎えかけてきた気持ちに活を入れ、曽根さんは三代目に話を合わせた。


本堂は昔のままであった。

隅々まで丁寧に作り込まれた一級品の建築物である。

かなりの腕を持つ職人を集めたことが、一目瞭然の仕上がりであった。

黒牛やら金ピカ恵比寿より、むしろこの本堂をメインに据えたほうが観光には良いだろうになと、曽根さんはしみじみ思ったそうだ。

そんな思いを踏みにじるように三代目は言った。

「何ならこれ、丸ごとリフォームしてくれていいから」

その為の資金は檀家から集めるという。

「それじゃ後はよろしく、好きなように調査して構わんよ」

そう言い残して三代目は立ち去った。

曽根さんは、ひとまず大きな溜め息を吐いた。今一度、本堂を見上げる。

本来なら保存すべき建物なんだがな、と愚痴をこぼしながら車に戻った。

まずは現場を撮影しつつ、建物の現状を確認する作業に移る。

道具を用意していると、近所の住民らしき老爺に話しかけられた。

「あんた、あの寺の工事を頼まれた人だろ。すまんが、少し顔を貸してくれんか」

そう言って、返事を待たずに歩き出した。

工事が始まれば、いずれ挨拶に行かねばならない。今のうちに顔を売っておくのは好都合だと判断し、曽根さんは老爺に続いた。

老爺の家には、何人かの住民達が集まっていた。

全員が険しい表情である。

これは一悶着あるなと曽根さんは腹を据えた。

先程の老爺は安岡と名乗り、寺が抱える問題点を打ち明けた。

二代目の住職が存命中は平穏無事だったのだが、三代目に代わってから状況は一変したそうだ。

地域住民の信仰対象のみならず、癒しの場でもあった寺だが、三代目のせいで全て台無しになろうとしている。

安岡が口火を切ったと同時に、全員が一斉に鬱憤《うっぷん》を吐き出し始めた。

「年に何度も寄進を求めよる」

「使い道を公開したことなんぞあらへん。やりたい放題や」

「あの黒牛、三百万するらしいで」

「うちの婆さん、田畑売って金作りよったがな」

文句の集中砲火をまとめると、要するに三代目は金に汚いということである。

人間として屑であり、一刻も早くこの村から追い出さねばならないとまで言い切る者もいた。

まだ言い足りない様子の一同を制し、安岡が本題に入った。

工事は請け負ってくれても構わない。ただし、着工するまで二週間ほど待ってほしい。

その間に、村の者で決着は付ける。

それと――。

「屋根裏には上がらんように」

安岡がそう言った途端、その場にいた全員が笑みを浮かべた。

曽根さんに異論はなかった。むしろ、事情を聞いた時点で仕事を続けていく気力が萎えてきたらしい。

とにもかくにも、揉め事が収まらない状態で工事を始めるのは得策ではない。

曽根さんは一も二もなく了承したという。


寺に戻った曽根さんは、とりあえず撮影だけは済ませておこうと本堂に向かった。

どう転んでも対処できるように、土台だけは固めておくつもりで撮影していく。

所々に現れる確かな技術に感心しながら進めていくうち、曽根さんは屋根裏が気になってきた。

いずれにせよ、屋根裏の確認も必要なのは確かだ。

安岡がどういう意図で上がるなと言ったのか分からないが、少しぐらいなら構わないだろうと判断し、曽根さんは脚立と投光器を持ち込んだ。

天井板を丁寧に外し、上半身を入れる。

太い梁が交差する空間には、長い間積もりに積もった埃が舞っている。

かなり広い。奥のほうは闇に隠れて見えない。

差し入れた投光器を点けた。

強烈な光が屋根裏全体を照らす。

そこに現れた光景に、曽根さんは生まれて初めて絶叫したという。

沢山の老人がいる。

びっしりと隅々まで埋まっている。

梁に座る者、天井板に立つ者、様々である。

全員が無表情のまま、口中で何やら唱えていた。

中の一人に見覚えがある。

黒染めの僧衣に人好きのする顔。二代目の住職であった。

二代目は、無言のまま曽根さんに会釈してきた。

そこまでが限界であった。曽根さんは無我夢中で投光器を引きずり出し、天井板を元通りに戻して脚立から滑り落ちた。

恐る恐る天井を見上げる。

あれだけの人数がいるにも拘わらず、天井板は揺らぎもしない。

寺を出るとき、曽根さんは既に工事を断る決意を固めていたという。

その後のことは風の噂に聞くだけである。

寺は二代目の頃の状態に戻ったそうだ。

住職は現在、募集中である。

三代目は突然の不幸で亡くなったとのことだ。

本堂でお勤め中に、頭を押さえて嘔吐し、昏睡状態に陥ったまま目覚めなかったらしい。

禍仏

進藤さんの祖父は、何年も前に連れ合いを亡くしてから、ずっと一人暮らしである。

今年で米寿を迎えるのを切っ掛けに、同居を勧めたところ、あっさりと快諾された。

祖父が暮らす集落は殆どが老人だ。しかも残り数戸であり、先行きが不安だったらしい。

大きな荷物はなく、引っ越しは進藤さんの車で事足りた。

一つだけかさばる荷物があった。

祖父は与えられた部屋に入るや否や、その荷物を解き始めた。

中から現れたのは、一体の古びた仏像である。

全長二十センチ程度の木製で、所々に亀裂が入っている。

仏像と言われなければ分からないような粗末なものであった。

それでも、祖父は大事そうに仏像を机に置き、拝み始めた。

祖父が言うには、山の中腹に廃寺があるそうだ。仏像はそこから持ってきたという。

進藤さんを始めとして、家族全員が嫌な気配を感じる仏像であった。

何がどうというのではないのだが、見ているだけで気が滅入ってくるのである。

何処か然るべき場所に納めたほうが良いのではと提案したが、祖父は頑として首を縦に振らなかった。

しばらくして、進藤さんの妹が妙なことを言い出した。

仏像の顔が変わってきているというのだ。

来たばかりの仏像は、粗末とはいえ仏らしい穏やかな顔をしていた。

それが最近では、明らかに険しい表情になっているという。

そんな馬鹿なと失笑しながら、進藤さんは確かめにいった。

幸い、祖父は散歩中だ。部屋に入り、仏像の前に座る。

「マジか」

思わず声が漏れた。

妹が言う通り、顔が変わっている。見る者を睨みつけるような表情だ。

進藤さんは妹が待つ部屋に戻り、黙ったまま頷いた。

両親も確認し、家族全員が同意見となった。

夕飯時、祖父に切り出したのは進藤さんである。

表情が険しくなっていることに気付いているかと訊くと、祖父は何を馬鹿なことをと笑った。

木で造った像が形を変えるわけはなかろうと言われ、家族全員が黙るしかなかった。


その夜。

祖父の部屋から悲鳴が聞こえた。

駆けつけてみると、祖父は仏像の前で前のめりに失神していた。

慌てて助け起こし、ベッドに寝かせる。

怪我はしていないようだ。寝息も安定している。それでも、年齢が年齢だけに気になる。

救急外来へ連れていく準備をしているうち、祖父は目を覚ました。

半身を起こして仏像を凝視し、祖父は言った。

「戻さにゃならん。えらいことになる」

それが最期の言葉であった。

翌日、進藤さんが発見したとき、祖父は仏像を睨みつけたまま死んでいたという。


祖父の葬儀を終え、遺品を整理する中で、仏像の処理が問題となった。

進藤さんの提案により、父親が近所の寺に持ち込むことに決まった。

早速、出かけていった父親は、二時間後に憮然《ぶぜん》とした表情で戻ってきた。

四カ所回って、四カ所ともに断られたという。

申し合わせたように、元あったお寺さんに返すのが筋だと言われたそうだ。

こうなれば仕方がない。

進藤さんが単身で、祖父が住んでいた村に向かった。

仏像は丁寧に包んで後部座席に置いてある。

祖父を迎えにいった道を再び進んでいく。休憩も取らず、進藤さんは車を走らせた。

その甲斐あって、村には午前中に到着した。

相変わらず、人の気配が全くしない。祖父の家も廃屋らしい雰囲気に覆われている。

進藤さんは祖父の話を思い出しながら、辺りを見渡した。

どうやら、目の前にある山の中腹らしい。仏像を丁重に抱え、歩き出す。

十五分ほど山道を登っていき、次のカーブを曲がれば到着というところで進藤さんは呆然と立ち尽くした。

道が土砂で埋もれている。道だけではない、少し先に土砂に飲み込まれた寺らしき建物が見えた。

寺に仏像を返すどころか、どう足掻いても先には進めそうにない。

進藤さんは、すごすごと自宅に戻るしかなかった。

事情を聞いた父親は、しばらく何事か考えていたが、出かける準備を始めた。

「何処か高名な寺に黙って置いてくるよ。拾得物になったら、それはそれで良いだろうし」

そう言って、仏像を抱えようとした途端、父親は呻き声を上げて昏倒した。

幸い、命は取り留めたが、脳に重大な障害が残ってしまったという。


今現在、進藤家は父親と母親しか住んでいない。

進藤さんと妹は、母親の頑なな意思により、家を出された。

仏像は今でも進藤家にある。

立派な祠を作り、安置したのだが、表情は日毎に険しくなっているそうだ。

狐と犬

峰岸さん一家が新居に移動したのは去年の冬のこと。

少し古いが綺麗なマンションである。

徒歩圏内に駅や大型スーパーがあり、暮らしていくには申し分のない物件だ。

何よりも重要な点は、ペット可であること。

峰岸さんにとって、愛犬のピッピも家族であった。

ピッピはヨークシャーテリアの雌。その愛らしさは、峰岸さん達の元気の素である。

普段は厳《いか》めしい夫も、ピッピの前ではだらしない笑みを浮かべるだけの怪しい存在になるという。

新しい住まいにも慣れ、マンション内で知り合いもできた頃、峰岸さんは妙なことに気付いた。

ペット可のマンションなのに、ペットを飼っているのが峰岸さん一家だけなのだ。

勿論、三十四室全ての住人の生活を知っているわけではない。

猫や小鳥のように、散歩させなくても良いペットを飼っているのかもしれない。

が、とにかく犬だけは見たことがない。

峰岸さんはピッピとともに散歩するのが大好きであり、暇を見つけては連れ出している。

その間、一度たりと犬を連れている人に出会えたことがなかった。

夫も娘も同じ思いを抱いていたらしく、マンションの規約を再度読み返したという。

もしかすると、犬だけが禁止かもしれないと思ったそうだ。

だが、そのような条文は記載されていなかった。

今現在、偶々そうなっているだけだろうということで一家は納得した。


その翌日。

峰岸さんは新たな疑問を見つけてしまった。

マンションの住人がピッピを見るときの表情がおかしいのである。

横目で見て、慌てて視線を逸らす。

犬が好きとか嫌いとかの感情ではない。全くの無関心とも違う。

色々と考えるうち、それが何かを哀れむときの顔ではないかと思い当たった。

ピッピは至極健康に育っており、きちんと世話もしている。毎日のブラッシングも欠かさず、哀れみを買うような外見ではない。

悔しいやら腹立たしいやらで、峰岸さんはより一層ピッピを大切にするようになった。

引っ越してから丁度一カ月目の朝、峰岸さん一家に大きな不幸が訪れた。

ピッピが死んでしまったのである。

医者に連れていくどころではない。峰岸さんが目覚めたときには、既に冷え切って固まっていた。

一家は声を上げて泣いたという。

きちんとした葬儀をあげ、動物霊園に埋葬し、峰岸さん一家はマンションに戻ってきた。

ふと見ると、正面のロビーに住人が集まっている。

何やらひそひそと話し合っているようだったが、峰岸さん達が帰ってきたのを見て黙り込んだ。

その瞬間、ピッピを亡くした憤りが噴出し、峰岸さんは我知らず怒鳴っていた。

「犬の葬式がそんなに珍しいですか。家族を亡くした気持ちは、あんたらには分からないでしょうね」

住人の一人が進み出た。峰岸さんの二つ隣の増井さんだ。

増井さんは、穏やかな口調で話し始めた。

「我々も皆、犬を飼ってました。亡くした気持ちは分かります」

意外な言葉である。峰岸さん達は、増井さんを見つめるしかなかった。

増井さんは、その上で謝らねばならないことがあると言葉を続けた。

実は、このマンションはペットが長生きできない。

犬だけではなく、どのような動物でも同じである。特に大型犬が早く死ぬ。

だから、お宅のワンちゃんがいつか死ぬことをここにいる全員が予想していた。

峰岸さんは再び逆上した。

「そんな馬鹿な。何がどうして死ななきゃならないんですか」

増井さんは、弱々しく「分からないんです」とだけ答えた。

翌日から峰岸さん一家、特に父が積極的に動き出したという。

ピッピの仇討ちとばかりに、マンションでペットが死ぬ謎に挑み始めたのである。

全戸に聞き取り調査を行い、水質検査や土壌検査の資料を請求し、思いつく限りの方法をやったのだが、何一つとして浮かんでこない。

諦め掛けていたところに、増井さんがおかしな噂を聞き込んできた。

及ばずながら力になりたいと、分かる限りの関係者に訊ねて回ったそうだ。

その結果、三年前に引っ越していった男性が、俄《にわか》には信じられないことを教えてくれた。

全てはマンションの屋上に設置してある稲荷が原因だという。

その稲荷は、有名な神社から分社されたものらしい。

「それでね、お稲荷様って狐でしょ。自分のテリトリーに犬とか猫が入ると怒るそうです」

聞いた峰岸さんは、唖然として増井さんを見つめた。

視線に気付いた増井さんが慌てて付け足す。

「あくまでも噂ですよ、噂。私も本気で信じちゃいません」

そう言い残して、増井さんはそそくさと退散した。

峰岸さんも信じたわけではないが、とりあえず見てみようと思い立ったそうだ。

管理会社に出向き、担当者から屋上の鍵を借りるついでに、稲荷のことを訊いてみた。

担当者は、確かにあると頷いた。

今はもう撤退したのだが、以前は一階に金融関係の営業所があったらしい。

そこが勝手に設置してしまい、扱いに困っているのだと担当者は言った。

設置した本人がいなくなり、撤去する費用も馬鹿にならず、現状は放置のままだという。

話を終えた峰岸さんは、その足でマンションに戻り、屋上へ向かった。

稲荷は東側に設置してあった。

小さな社だが、ちゃんと鳥居もある。

だが、長期間に亘って掃除どころか誰も近付かなかった為、社は見るも無惨な姿になっている。
色褪せて屋根には穴が開き、二匹いる狐の像は片方が倒れたままだ。
峰岸さんは、その狐を見た瞬間、我を忘れてしまったという。
お前らがピッピを殺したのか。
よし、だったらもっと酷い目に遭わせてやる。
そう怒鳴りつけ、社を蹴飛ばした。勢いを付けて何度も揺さぶり続ける。
執拗に攻撃を加え、とうとう大きく傾けることに成功した。
その日から三日間を掛け、峰岸さんは社を壊し続けた。
無傷で残ったのは白い狐の像が二体だけである。
それは最後まで楽しみに取っておいたのだという。
持ってみると案外軽い。
峰岸さんは、唾を吐きかけ、丁寧に踏みにじった後、時間を掛けてバラバラにした。
狐の首はその場で燃やし、残りはゴミ処理場へ持ち込んだそうだ。
その後、管理会社に赴き、全て片付いたと報告して一件落着した。
帰宅した峰岸さんを待ち構えていたのは、四つん這いの娘であった。

目を細め、ニヤニヤ笑いながら部屋から部屋へ這って歩く。
何をふざけてるのと怒鳴ると、娘は峰岸さんに咬《か》みついてきた。
この日から、娘は人とは呼べなくなってしまった。

名だたる行者を招いて視てもらったこともある。
行者は、何の情報も知り得ない内に「狐が憑いている。それも二匹」と見抜いた。
高位の稲荷であり、完全に祓うには死ぬしかないと言われたという。
峰岸家は、狐を二匹も飼っているのはあの家だけだと陰口を叩かれているらしい。

効果抜群

谷田さんは世間でいうところのブラック企業に勤めている。

朝六時に出勤し、帰宅するのは夜十時を過ぎてからだ。

そんな毎日が、かれこれ二週間続いていた。

友人達は、無理にでも休みを取ればいいのにとか、労働基準監督署に訴えたらどうかなどと忠告する。

「それができないからブラックなんだよ」

谷田さんはそう言って笑う。

家族にも見放され、娘からは「さっさと死んじゃえばいいのに」と言われたらしい。

そんな谷田さんが、とうとう倒れてしまった。

友人が電話を掛けると、本人が出てきた。弱々しい声で「ちょっと疲れただけだから」と言う。

その背後で誰かが叫んでいるのが聞こえた。

「さっさと死んじゃえばいいのに。さっさと死んじゃえばいいのに」

そう繰り返している。

「谷田、お前の後ろで叫んでるのは誰だ」

「はあ？　何言ってんだよ、嫁さんと娘は北海道に行ってるから、俺一人だぜ。疲れてんのはお前のほうじゃないのか」

電話を終えた友人は、余りにも気になったので自宅を直接訪ねた。

家の前に救急車が止まっていた。警察官の姿も見える。

谷田さんは自宅の居間で首を吊って死んでいた。

警察官に事情聴取されているとき、一台のタクシーが止まった。

中から降りてきたのは、谷田さんの妻と娘であった。

二人とも無表情に家の中に入っていく。

小声で会話している。近くを通り過ぎたとき、会話の一端が耳に入ったそうだ。

「あの神社、やっぱり凄いね」

「御礼に行かなきゃ」

熱い視線

とある中小企業に勤めている人から聞いた話である。

ブラック企業とまではいかないが、上司の命令には絶対服従、サービス残業は当たり前、モラハラもセクハラも日常風景の会社だそうだ。

上司も、社会人というより人としてどうかと思われる輩が多いのだが、その中でも開発部の河田課長は群を抜いている。

最悪な上司のサンプルとでもいうべき人物だという。

その外見から、陰では毒ハゲ猿と呼ばれ、課内の全員から蛇蝎《だかつ》の如く嫌われていた。

河田は婿養子である。家族全員から馬鹿にされており、笑うことすら許可が必要らしい。

社内で横暴に振る舞うのは、その鬱憤を晴らす為だと専らの噂だった。

今年で入社二年目の女子社員、西原さんが最近の河田のお気に入りであった。

ちょっとしたミスにネチネチと嫌味を言い、僅かでも謝罪が遅れると激高して怒鳴りつける。

西原さんが泣くまで止めない。泣いたら泣いたで、女ってのはこれだから困るよねぇ、と周囲に同意を求める。

課内の社員達は巻き添えを避ける為、曖昧に頷くだけだ。

孤立無援となった西原さんは、それでも必死に出勤を続けた。

嫌味と罵声を浴び、昼時は独りきりで屋上で過ごし、帰りは常に最終電車。

そのような日々は着実に西原さんを壊していった。

完璧に破壊してしまったのは、河田が考えもなしに引き受けた仕事であった。

どう考えても納期がおかしい発注なのだが、河田は余裕で間に合いますと大見得を切ったらしい。

その挙げ句、西原さんに全てを押し付けた。

当然、間に合いそうもない。それでも西原さんは無理に無理を重ね、必死に仕上げたのだが、とうとう精神も肉体も限界を超えてしまった。

会社を出たところで昏倒し、救急搬送されたのである。

河田は西原さんのおかげで助かったにも拘わらず、手柄を自分のものとした。

加えて、西原さんの功績を無視するどころか、救急搬送に対して迷惑千万と罵ったのであった。

さすがに、この暴言には課員全員が顔色を変え、河田を睨みつけた。何人かは、思わず立ち上がっていたそうだ。

河田は形勢不利と見たか、憮然とした表情で新聞を広げた。

平静を装い、ゆっくりと新聞を読みながら、

「たかがあれぐらいで倒れるってか。日頃の不摂生のせいだろうが」

などと呟いていたという。


だが、大方の予想を覆し、西原さんは一週間の休暇だけで出社してきた。

元々細かった身体が、思わず目を背けたくなるぐらい痩せこけている。

制服もぶかぶかで、まるで子供が大人の服を着ているようだ。

顔色も悪く、十分に回復していないのが見ただけで分かった。

驚く皆に笑顔で応えた西原さんは、河田の席に行き、深々と頭を下げて長期休暇を詫びた。

早速、河田は嫌味を返す。

西原さんは何も言わず、ただ河田を凝視しているだけだ。

それを良しとしたか、河田は気持ち良さげにネチネチと弄ぶ。

かれこれ五分近く過ぎた頃、課内がざわつき出した。

同僚達が西原さんを指さしている。

彼女の制服から黒い煙が出ているのだ。袖口、襟元、ありとあらゆる隙間から漏れ出している。

それが見えている者は当然として、見えていない者ですら、西原さんに何事か起こりつつあることが分かった。

分かっていないのは河田だけである。

黒い煙は西原さんを丸ごと包み込んだ後、霧が晴れるように消えた。

次の瞬間、河田は大量の血を吐いて倒れた。

騒然とする課内をゆったりと見回していた西原さんは、いつの間にか姿を消していた。

結局、その日を以て河田は退職を余儀なくされた。

胃に大きな穴が開いていたらしい。

聞いた皆が不思議がった。

河田は、丈夫な身体だけが取り得の男だったからだ。

つい先月も社内の健康診断の結果、肝臓の数値が悪いだけだと自慢していたぐらいである。

河田の後釜は、明石という男であった。

この会社には珍しく、部下を大切にする上司である。

時間は掛かっても部下を育てることが、結局は会社の利益になるというのが明石のモットーだという。

そんな上司の下でこそ、部下は輝ける。

事実、明石が手掛けるプロジェクトは次々に成果を生んだ。

残念なことに西原さんは、あの日を最後に出勤していない。

どうやら、あの日は病院を抜け出してきたらしい。

病院に戻ってから、未だに面会謝絶の状態が続いている。

見舞いに行った者が御家族から聞いたところによると、西原さんは医師が驚くほど衰弱していたという。

覗き箱

今年に入ってからずっと、高橋さんは職場の人間関係で悩んでいた。

新しく赴任してきた課長の佐田が、何かある毎に高橋さんを責めるのである。

それのみならず、セクハラも仕掛けてきた。

相談に乗ってくれた人達は、口を揃えて辞職を勧める。

それでも、あんな男一人の為に自分の人生が台無しになるのが悔しくて堪らず、歯を食いしばる日々が続いていたという。

病弱な母親に心配を掛けたくないという思いもある。むしろ、それだけを支えに頑張っていたそうだ。

夏を過ぎた頃、高橋さんはその支えを亡くした。

会社に報告したとき、佐田は迷惑そうな顔で高橋さんを睨みつけ、盛大に舌打ちした。

そこまでが限界だった。

高橋さんは、本心からこの男の死を願ったそうだ。

帰宅し、母の仏前に手を合わせた瞬間、嗚咽《おえつ》が止まらなくなった。

どうしたらいい、と遺影に問い掛けたとき、一つの思い出が胸をよぎったという。

それは、母と箱にまつわる出来事であった。


いわゆる文箱と呼ばれるものである。

漆塗りの見るからに豪華な箱だ。代々大切に保存されてきた物である。

母が嫁ぐとき、祖母が持たせてくれたそうだ。

そんな大切なものは持っていけないと断る母に、祖母は「いつか必要になるから」と押し付けたらしい。

この箱には言い伝えがあった。

人の恨みを飲み込み、取り除くというのだ。

母は、自分も使ったことがあると笑った。

当時の母は姑との折り合いが悪く、朝も晩も毎日叱られ、ほとほと参っていたという。

ある日ふと、この箱を思い出した。

言い伝えでは、恨む相手を強く念じつつ、蓋を開けるのだとされている。

恨みが深ければ深いほど、笑顔になれるとも言われていた。

姑の顔を思い浮かべながら箱を開けると、中にあったのは手鏡であった。

やや大きめの鏡面に、自分の顔が映っている。

恨みと怒りに歪んだ、とても醜い顔だ。

そんな自分の顔をまともに見た瞬間、これではいけないと素直に思えたそうだ。

高橋さんは、自分もやってみたくて堪らなくなり、その箱を探し始めた。

前向きに生きる為に必要な儀式だと思ったそうだ。

それほど探し回ることもなく、箱は見つかった。

当時の思い出のまま、美しい外観を保っている。

次は、恨む相手の顔を強く念じること。高橋さんにとって、それは容易い条件であった。

そっと蓋を開ける。

確かに中には手鏡があった。しかめ面の自分が映っている。

そんな顔してどうしたの。そう言って、母親に頭を撫でられた気がしたという。

しかめ面を泣き顔に変え、もっとよく見ようとして高橋さんは気付いた。

手鏡が二枚入っている。

下から現れた手鏡は、残念ながら鏡面にヒビが入っている。細工が綺麗なだけに、棄てるのは忍びない。

鏡を修理に出し、完璧な状態で保管しておけば、いつの日か自分の娘に渡せるだろう。

そう考えた高橋さんは、割れた手鏡を梱包する為に箱から取り出した。

何となく顔を映してみる。霞が掛かったように、ほんのりと白く汚れている。

ヒビだけではなく、鏡面自体に問題があるようだ。

机に置こうとした瞬間、気付いた。

汚れているのに、自分の顔が普通に映っていたのは何故だ。

もう一度、手に取って見る。

やはり、自分の顔ははっきりと鮮明に映っている。

自分の顔の周りだけ、霞が掛かっている。

見続けているうち、その霞が徐々に濃くなってきた。

僅かな間に、それは顔になった。しかも一つではない。葡萄《ぶどう》の房のように、無数の顔が連なっている。

顔の群れは、全員が歯を剥き出して笑っていたという。

高橋さんは慌てて手鏡を箱に戻し、それだけでは足らずに段ボール箱に詰めてガムテープでグルグル巻きにした。

その上でベランダに出し、ようやく落ち着いたそうだ。

翌日。

ベランダに目をやらないように努力しながら、高橋さんは家を出て会社に向かった。

出社した高橋さんに、駆け寄ってきた同僚が言った。

「佐田、死んだって」

死亡した時間は、高橋さんが鏡を覗いていた時間と一致していた。


穏やかな日々が高橋さんに戻ってきた。

鏡が入った箱は綺麗に拭いて神棚に祀《まつ》ってある。

今のところ、自分の身には何も起こっていない。

祖母や母が、二枚目の鏡を見たかどうかまでは調べようがないという。

歯磨きできるかな

三浦さんの娘、澄香ちゃんは今年で四歳になる。

最近のお気に入りは歯磨きだ。

大好きなキャラクターが描かれた歯ブラシを買い与えたところ、自ら進んで歯を磨き始めたそうだ。

一年が経ち、親が見ていなくとも正しくできるようになった。

今では、外食のときにも愛用の歯ブラシを持っていくという。


それは今年の夏のこと。

三浦さんは澄香ちゃんを連れてドライブに出かけた。行き先は決めずに車を走らせる。

山裾の田舎道を進んでいくと、小さな雑貨屋が見えてきた。

パンやお握りなどの軽食も置いてあるようだ。昼食までまだ少しあるが、小腹が空いている。

三浦さんは澄香ちゃんを連れて店に入った。

人の良さそうな老婆が目を細めて澄香ちゃんを見ている。
三浦さんは、澄香ちゃんの大好物であるサンドイッチを買い求めた。
老婆は、店の裏に綺麗な小川があるから、そこで休憩するように勧めてきた。
行ってみると、確かに澄んだ小川がある。
澄香ちゃんと並んで座り、水面を眺めながらサンドイッチを食べる。
三浦さんは、しみじみと幸せな時間を噛みしめていたという。
食べ終わった途端、例によって澄香ちゃんが歯磨きしたいと言い出した。
とはいうものの、幾ら綺麗に見えても川の水は使えない。
振り返ると、雑貨屋の勝手口の横に設えた水道栓が見えた。
どうやらそこで顔を洗っているらしく、壁際に鏡が置いてある。
大きな姿見をそのまま流用しており、澄香ちゃんにも難なく使えそうであった。
駆け出していった澄香ちゃんは、水の冷たさに歓声を上げた後、歯磨きを始めた。
始まると十分は動かない為、三浦さんは再び小川に視線を戻した。
ところが、ものの数分で澄香ちゃんは戻ってきた。
頬を膨らませ、何やら不満げな様子だ。
「かがみ、へんなの」

そう言って、姿見を指さした。

何が変なのか訊いたのだが、今一つ要領を得ない。

澄香ちゃんに曳かれ、三浦さんは姿見の前に立った。

自分が映っている。少し、髪を整えてみた。

やや曇ってはいるが、これといって不思議なところはない。

何処が変なのと訊こうとした三浦さんは、そこでようやく気付いた。

確かに自分は映っているのだが、娘がいない。

立たせる位置を変えたり、見る角度を変えてみたりしても同じである。

二人並んで真正面に立ってみたが、姿が映るのは三浦さんだけであった。

何とも薄気味悪くなった三浦さんは、とりあえず澄香ちゃんに口を濯がせ、その場を離れた。

雑貨屋の店内では、老婆が近所の住民らしき客と楽しげに話している。

姿見のことを訊けないまま、三浦さんは車に戻った。

バックミラーに澄香ちゃんが映っているのを確認し、気持ちが落ち着いたという。

今のところ、澄香ちゃんに異変は起きていない。

ただ、澄香ちゃんはそれまで大好きだった歯磨きを嫌がるようになった。
時々、自分が映らなくなるから、鏡を見るのが怖いそうだ。

細く開けた窓から

岸田さんは交通誘導の警備員である。今年の夏、長期間の工事が始まり、その現場の専属勤務になった。

作業員や工事車両の出入管理が主な業務である。

半年以上の工事の為、周辺住民への心配りも忘れてはならない。

工事が始まる一時間前には現場に到着し、外周道路の清掃も行う。作業員とのコミュニケーションも大切にする。

細やかな心配りが功を奏し、作業員とも仲良くなり、住民にも顔を覚えてもらい、普段の交通誘導とは全く違う勤務を楽しんでいた。

そんな中、一つだけ気になることがあった。

国道を挟んだ向かい側にある家の住人が、朝早くから叫ぶのである。

初めて耳にしたとき、岸田さんは何処かで喧嘩していると思ったそうだ。

だが、聞こえてくるのは女性の声だけである。

その内容が常軌を逸していた。

人殺し、盗人、犬畜生、人でなし等々、ありとあらゆる罵詈雑言《ばりぞうごん》を並べているのだ。

聞いているだけで気が滅入ってくる。

一体誰が叫んでいるのだろうと辺りを見回し、件の家に気付いたのだという。

密集した民家の中の一軒家だ。鉄筋コンクリート造りの三階建ては、他の家より頭一つ飛び出している。

外観は、かなり汚れている。二階から三階に掛けてが特に酷い。

三階部分に窓が二カ所あるのだが、晴れでも雨でも常に開きっ放しである。

向かって右側の窓に女がいた。座っているらしく、肩から上だけを覗かせている。

女は、長い髪を両手で掻き上げながら叫んでいた。年齢が分からない。若くも見えるし、老女にも見える。

爽やかな朝を切り裂くような甲高い声で、誰にともなく怒鳴りつけている。

鬱陶《うっとう》しいことこの上ない。

とは言いながらも、抗議できる立場ではない。それに、散々怒鳴り散らせば気が済むと見えて、しばらくすると静かになる。

近隣の家も、それが分かっているのか何一つ反応がない。通行人も慣れているのか見向きもしない。

そういう自分も、この工事が終われば二度と訪れない場所だ。岸田さんは、努めて無視を決め込んだ。


工事が始まって二カ月目の朝。

長雨の影響で工程が遅れ、その日は一時間早く集合が掛かった。

例の女が叫んでいる真っ最中に作業員が出勤してきたのだが、一人として振り向こうともしない。

最後に来た坂本という作業員だけが、あの家を見つめて言った。

「なあ、岸田さん。何か聞こえないか」

何かどころではないのだが、どうやら坂本には本当に分からないらしい。

ブーンと低く唸るような音しか聞こえないという。

どういうことか判断に迷ううち、女は黙り込んで窓から離れた。

翌日は休日だったが、岸田さんはわざわざ出勤し、女が叫び出すのを待った。

いつもと同じ時間に女が叫び出した。国道だけあって、会社員や学生など数多くの人が通っていく。

だが、やはり一人も反応しない。皆、聞き慣れているのかと思ったが、それも違った。
偶々、観光客らしい風体の男女が通り過ぎたのだが、全く聞こえない様子だったのだ。
困惑した岸田さんは、女が引っ込むのを確認してから、思い切って家に近付いてみた。
表札は見当たらない。家の中は薄暗く、人が住んでいるような気配がない。
通りを進み、家の裏側に回った。見た瞬間、思わず声が漏れた。
「嘘だろ」
家は、半焼状態であった。辛うじて一階部分と正面の壁だけが焼け残ったらしい。
二階から上は焦げた柱だけである。床はない。
窓周辺で足場になりそうな物は、何も見当たらなかった。

工事は無事に終わり、岸田さんは通常の交通誘導に戻った。
今でもまだ、あの女の叫び声はありありと思い出せるそうだ。
もしも、女が叫んでいる間、後ろから家を見たらどうなっているのか。
確認したい誘惑を抑えるのに必死だという。

オリンピックの年に

五十歳を過ぎた辺りから、松坂氏は視力の衰えを感じていた。

特に小さな文字が見えにくい。

眼科に行くまでもない。老眼であるのは確かだ。

松坂氏は潔く認め、眼鏡をあつらえた。普段はなくても何とか生活できる為、うっかり持ち歩くのを忘れてしまうことが多い。

その日、電車の中で新聞を読もうとして、例によって眼鏡を忘れたことに気付いた。

顔から遠ざければ読めるのだが、かなり滑稽《こっけい》な状態になってしまう。

それでも折角だから、大きな文字だけでも拾っていこうと思い立った。

新聞を広げた松坂氏は、大いに戸惑った。

何故か分からないが、所々読めてしまうのだ。

それも、見出しなどの大きな文字ではなく、記事本文中の小さな文字である。

読めるというか、文字が浮かび上がって近付いてきたという。

幾つかの数字、胃、癌《がん》という言葉が目に飛び込んできた。

最後に平仮名が三つ。

み

し

よ

それだけの文字が読めた。

二週間後、胃癌で入院していた姉が亡くなった。

姉の名前は、良美。

その瞬間、松坂氏の脳裏にあの日の新聞が蘇ったという。

平仮名が表したのは良美という名前。胃と癌。数字は亡くなった日付。

姉が末期の癌であることは知っており、長くはないのも分かっていた。

自分の潜在意識が働き、新聞から文字を拾ったのだろうと、松坂氏は分析した。

そのような出来事が、何度か起こった。

いずれも、姉のときと似たような要素を含んでいた。

予言とか予知などではなく、統計だと松坂氏は言う。

つい先日、松坂氏から連絡が入った。
久しぶりに文字が浮いてきたのだが、今までのものとは様子が少し違うそうだ。
幾つかの数字と、【大量】【死】という言葉だけだったという。

相乗り

寺嶋さんが勤めているファミリーレストランは、様々な人々がやってくる。

中には恐ろしげな人もいる。見るからに危ない人もいる。

けれど、どのような相手だろうと、プロである限りは笑顔で接するのが寺嶋さんのモットーである。

そんな寺嶋さんが、近付くのも嫌な男性客がいるという。

初老のタクシードライバーだ。制服の胸の名札に伊勢崎と記してある。

白髪頭が似合う温和な顔立ちで、物腰も柔らかい。

来店時間に拘わらず、決まってカツカレーとサラダを頼む。その後、コーヒーを味わってから店を出ていく。

取り立てて妙な言動はない。店員に対して高飛車な態度を取らず、食器もきちんと並べて帰る。

嫌われる要素は何一つ見当たらない。

寺嶋さんが嫌なのは、伊勢崎が時々連れてくる同伴者である。

同伴者は、伊勢崎の背後に浮いている。一人のときもあれば、多人数のときもある。性別も年齢も毎回異なるのだが、いずれも酷い有様であった。

寺嶋さんは、幼い頃から〈そういったもの〉を沢山見てきたそうだが、伊勢崎の同伴者ほど凄惨なものはないという。

殆どの従業員や来店客には見えていない。気配を感じたのか、伊勢崎を見つめた女性が一人いたぐらいだ。

同伴者を側に立たせ、食事している光景はまともに見られたものではなかった。

その日、伊勢崎の背後についてきたのは、三人家族であった。

両親も酷いが、子供が最悪である。鼻から上が潰れてしまっている。スカートを穿いていなければ、性別すら分からない状態であった。

そんな子供を真横に立たせ、伊勢崎はいつものようにカツカレーを食べ始めた。

何度見ても慣れるものではない。少し風邪気味だった寺嶋さんは、気分が悪くなり、店長に断って外に出た。

裏口に座り、しばらく休んでいると、車に向かう伊勢崎が見えた。

背後にあの三人家族もいる。

母親が子供の手を引いているのが痛ましく思え、目が離せなかったという。
運転席に着いた伊勢崎は、乗降客を迎えるかの如く、後部座席のドアを開けた。
家族がふわふわと乗り込む。
乗車を確認するように伊勢崎は振り返り、ドアを閉めた。
駐車場から出ようとしたところで車が呼び止められた。
通りすがりのサラリーマンである。
行き先を告げながら、乗ろうとしている。
車内が、どのような状況になっているのかまでは見えなかったという。
今でも伊勢崎はやってくる。
相変わらず、毎回違う同伴者を連れているそうだ。

引率

相田さんは関西の私鉄を利用して通勤している。

満員電車が嫌いな為、敢えて五時台の電車を選ぶそうだ。

早く到着し、のんびりと朝食を愉しんでから出社するという。

その時間帯でも、ある程度の乗客はいるのだが、満員という程ではない。

その日も相田さんは、いつもの電車に乗り込んだ。

珍しいことに、小学校低学年の子供達がいる。その数、五人。全員がランドセルを背負い、登校途中のようだ。

さぞかし騒々しいだろうと思い、イヤホンを取り出そうとした手が止まった。

子供達は一言も発しない。それどころか全員が俯いている。

相田さんは当初、ありがたいことだとしか思わなかったらしい。

が、次の駅で気付いた。

乗り込んできた乗客が子供達をすり抜けていくのだ。

すり抜けられた子供は、煙のように揺らぐ。

ああ、この子達はこの世のものではない。

僕は今、死んだ子供達を見ている。

そう思った途端、相田さんは怖くて堪らなくなった。

とにかく次で降りようと決め、相田さんは子供達から視線を逸らし、窓の外を見て必死に耐えた。

次の駅に下りたのは相田さんと数名の乗客である。

その中に一人、若い男性がいた。見るからに柄の悪そうな男である。

その男性の背後に、あの子供達がいた。

男性が歩き出すと、子供達も足音を立てずに付いていく。

全員が男性を睨みつけていたのだが、その顔はグシャグシャに崩れていたという。

それから後も、相田さんはその男性を二度ほど見かけたことがある。

二回とも、同じように子供達を引率していたそうだ。

チンドン

天野さんは小学生の頃、大阪市内のとある商店街で暮らしていた。

近所が丸ごと家族のような付き合いのある町である。

その商店街には、半年に一、二度の割合でチンドン屋がやってきた。

締太鼓と当たり鉦《かね》を組み合わせた、いわゆるチンドン太鼓を先頭にして、楽器、大太鼓、プラカード持ち、チラシ配りと続く。

いずれも色鮮やかな衣装を身にまとい、賑やかなことこの上ない。

現れただけで商店街全体が華やかな空気に包まれ、何とも幸せな時間である。

天野さんを始めとして、子供達全員が後ろに付いて歩いた。

親もそれを止めようとはしない。むしろ、より面白おかしくするように声援を送ったという。

商店街の老舗の一つに、畑中という金物屋があった。

一人息子である伸夫は、家業を継ぐのを嫌がり、上京して会社勤めをしていた。

ある日、伸夫が突然帰ってきた。

その理由は、瞬く間に町内へ知れ渡った。

発信元は実の母親。何げなくこぼした愚痴が、尾ひれを付けられて拡散したのである。

伸夫は、酷く短気な男であった。取引先の課長を殴ってしまったらしい。

そうされるだけのことを相手もやったそうだが、社会人は手を出した瞬間に負けである。

伸夫は社内でも嫌われていた為、誰一人として庇おうとする者はいなかった。

失職後、色々と就職先を探したのだが、前職照会の時点で落とされてしまう。

諦めて、家業を継ぐ為に帰省したのだという。


カッとなると何をするか分からないから、子供達は伸夫をからかうなと注意を受けた。

大人のそういう視線が駄目なんじゃないかな、と天野さんは子供心に思ったそうである。

いずれにせよ、注意されるまでもなく、伸夫には近寄り難い雰囲気があった。

気に掛けるほどのことはなかった。まず以て伸夫は店に立たないのだ。

稀に立ったとしても笑顔一つ見せず、淡々と接客する為、近所の不評を買っていた。

しかも伸夫は、毎晩のように何処かに出かけ、真夜中過ぎに泥酔して帰ってくる。

畑中さんのところは息子の代で終わりだな、と皆が陰口を叩くのを天野さんは幾度となく耳にしたという。

仲夫が帰ってから二カ月ほど経った頃。

連休の初日であり、子供達は駄菓子屋の前に座り込んで通りを眺めていた。

例年なら、チンドン屋がやってくる筈なのだ。

「来たっ！」

全員が一斉に歓声を上げた。遠くから賑やかな音が近付いてくる。

天野さんは待ちきれずに駆け出した。

が、その足は途中で止まった。何か妙である。奏でている音楽は例年通りなのだが、雰囲気がいつものチンドン屋とは違う。

何よりもおかしいのは、先頭に立っているのが仲夫だということだ。

仲夫はいつものように世間を睨みつけながら歩いている。

その背後にチンドン屋が連なっている。白塗りの顔は表情が読めない。

笑っているようにも、泣いているようにも見えた。

楽器も太鼓も賑やかに打ち鳴らされているのだが、店先にいる大人達は誰も見ようとしない。

というか、見えていないように思えた。

太鼓の後ろに続く男は、白紙のプラカードを掲げている。

チラシ配りの女が持っているのも白紙だ。そもそも、配ろうともしない。

駆け寄ろうとした子供達は、申し合わせたようにチンドン屋から目を逸らし、三々五々散っていった。

天野さんも顔を伏せたまま、家に逃げ帰ったそうだ。

それから半時間後、いつも通りのチンドン屋がやってきた。こちらは大歓迎された。


その日からずっと、伸夫の後ろにはチンドン屋がついて回るようになった。

店に来る客も、近所の大人達もまるで気にしていない様子である。

知っているのは子供達だけだ。

幸いと言っては何だが、伸夫は滅多に店先に出ない為、騒音で悩まされることはなかったという。

ところで、伸夫本人には見えているのだろうか。

子供達はそれが気になって仕方なくなってきたらしい。

じゃんけんで負けた天野さんが、本人に訊きに行く大役を任された。
が、結局それは不可能になってしまった。
伸夫は、店にあった金串で自らの耳を突いてしまったのである。
チンドン屋はそれ以降も伸夫の後をついて回っていたそうだ。

それから三十年を経て、商店街そのものがなくなってしまった。
活気に溢れた通りは、全ての店がシャッターを閉め切っている。
看板などはそのままであり、それが返って寂寥感《せきりょうかん》を増している。
金物屋も看板は上げたままだ。
年老いた伸夫が、独りで暮らしているらしい。
天野さんは結婚し、他県で暮らしているのだが、盆暮れは家族全員で帰省する。
金物屋の前を通ると子供達は決まって立ち止まり、「家の中から音楽が聞こえてくる」
と言うそうだ。

逆さまの子

小溝さんの祖父は、若い頃に大工をやっていた。

本人曰《いわ》く、腕も顔も良かったからモテまくったそうだ。

顔はともかく、腕のほうは確かに良かった。七十を過ぎた今でも、その気になれば何でも作ってしまう。

庭にある物置小屋は祖父が僅か一週間で作ったものである。

つい最近、その祖父が失敗した。

雨漏りで腐った母屋の天井板を張り替えたときのことだ。

取り替えたのは居間の五枚のみ。

祖父は、昔から付き合いのある工務店に頼んで、交換用の板を持ってきてもらった。

その後、あっという間に作業を終え、ついでに雨漏りも修理し、二時間後にはお茶を嗜《たしな》んでいたという。

ここまでは何一つ問題はない。

問題が発生したのは、その夜からだった。

祖父が取り替えた天井板の一枚に足跡が浮いてきたのである。

大きさからすると子供の足跡だ。

取り替えるとなると、また一からやり直さねばならない。

拭き取るにしても、取り替えるにしても明日にすると言って、祖父は自室に引っ込んだ。


真夜中。

居間から子供が泣き叫ぶ声が聞こえてきた。

何事かと居間を覗いた全員が逃げ出した。

天井から逆さまにぶら下がった少年がいたのだ。

泣いているのは、その少年であった。

小溝さんも逃げ出したのだが、しっかりと見るべきところは見ていた。

少年は裸足だったのだが、あの足跡にピタリと吸い付いていた。

というか、あの足跡から生えてきたように思えたらしい。

小溝さんは見たままを祖父に伝えた。

ついでに自分の憶測も話した。

何がどうやって、足跡が付いたかまでは分からないが、あの少年は天井から逆さまにぶら下がっている状態が怖くて泣いているのではないか。

祖父は、なるほどと大きく頷いた。

結局、その夜は全員が車中で過ごしたそうである。

翌日、祖父は勢いよく何処かへ出ていった。

帰ってきたとき、真新しい板を抱えていた。この間と同じくあっという間に作業を終え、子供の足跡が付いた天井板は工務店に返品したらしい。

工務店がその板をどう扱ったかは分からないが、とりあえず小溝家には平穏な夜が戻ってきたという。

雄弁は銀

伊達さんには、今年で四歳になる娘がいる。名前は美鈴ちゃんという。

シングルマザーである伊達さんは、美鈴ちゃんを保育園に預けてから出勤する。

基本的には定時に上がれる仕事ではあるが、つい先日、緊急の残業のせいでお迎えが遅くなってしまった。

美鈴ちゃんは、その日最後の一人だった。

ようやく帰ってきた母を見て、一瞬泣きそうになったが、頑張って笑顔になったそうだ。

伊達さんは、そんな美鈴ちゃんを抱きしめずにはいられなかったという。

手を繋いで帰る途中、美鈴ちゃんが今日あったことを報告し始めた。

おにごっこしてたら、まさきくんがころんでないたの。

ねこさんのえをかいたよ。

他愛ないことばかりだが、それが何よりも嬉しい。伊達さんは、優しく相槌を打ちながら聞いていた。

「あとね、さっきおばけがでた」

さてさて、何をおばけと思ったのだろう。

わくわくしながら、伊達さんはどんなお化けなのか訊いてみた。

すると、美鈴ちゃんは急に立ち止まり、目をつぶってこう言った。

「私は以前、あの土地に建っていた家で自殺した娘である。名を早智子という。同級生からのイジメが原因で死を選んでしまった。そのせいか、今もあの土地に縛られている。子供達がうるさくて堪らない」

唖然として見つめる伊達さんの前で、美鈴ちゃんはゆっくりと目を開けた。

「おかあさん、どうしたの？　はやくかえろ」

おかしなことが起きたのはその夜だけである。

それ以降、美鈴ちゃんには何事も起こっていない。

伊達さんは、とりあえず保育園を卒園するまでは、残業を断ろうと決めているそうだ。

走り飛び込み

江坂さんの趣味は怪談会である。
数カ月に一度、知り合いの寺を借りて行うそうだ。
仲間内だけの集まりの為、語り手は少ない。
どうしても似たような話ばかり集まってしまう。
時々、知り合いに声を掛けて飛び入り参加を募るという。
その夜は三人の初参加があった。
それぞれがなかなかの出来栄えだ。中でも尾上という男性が秀逸であった。
話自体はよくある心霊スポット物だが、その独特な話し方が耳に残った。
次も出てもらおうと腰を上げ掛けた江坂さんを常連の戸田さんが止めた。
「あの男、関わらないほうがいいと思う」
戸田さんは関東に住んでいたことがあるのだが、そこでも怪談会に参加していた。
そこに、あの尾上が飛び入りで来た。
尾上は今夜と同じく、心霊スポット物を語った。独特な話し方も同じである。

その会の主催者が気に入って、三度ほど招いた。

三度目のとき、尾上はいつものように心霊スポット物を話したのだが、話の最後がいつもと違った。

「今回、ちょっと強烈なのが憑いてきちゃって。良かったらどなたか貰ってくれませんか」

止せば良いのに、主催者が手を挙げたらしい。

参加者の喝采と笑い声で、その夜の会はお開きになった。

いつもだと、そのまま反省会と称した飲み会である。

「用事を済ませてから行くわ」

主催者はそう言い残し、皆を先に行かせた。が、いつまで待っても会場に現れない。

それもその筈である。主催者は、皆と別れたその足で駅に向かい、電車に飛び込んで命を絶ったのだ。

目撃者の話によると、何の躊躇《ためら》いも見せず、勢いよく走って飛び込んだそうだ。

まるでプールに飛び込むようだったという。

「そういう男だから。関わっちゃ駄目だよ」

戸田さんの忠告を素直に受け入れ、江坂さんは尾上を招くのを止めた。

それだけでなく、できる限り情報が漏れないようにした。

だが、何処でどうやって聞いたのか、尾上は次の会にもやってきた。

事情を知らない参加者達は、尾上の話を要求した。

幸いにも、その夜は『強烈なのが憑いてきた』話ではなかった。

もしも万が一、尾上がその話をしたとしても、誰も手を挙げなければいいだけのことだ。

自らをそのように納得させ、江坂さんは成り行きに任せることにしているそうだ。

ちなみに、これを書いているのは八月初め。次の怪談会は九月に行われる。

何かあれば教えてくれるよう頼んでおいた。


九月後半になったのだが、特に何の連絡もない。

とりあえず次の怪談会の開催日を教えてもらおうと連絡したのだが、携帯が繋がらなかった。

自宅を訪ねると、喪中の札が貼られていた。

江坂さんは、電車に勢いよく飛び込んだそうである。

指さし呼称

谷山さんは外食時、電車で二駅先の町を利用することが多い。
駅前の再開発により、多種多様な飲食店が増えたからだ。
その夜、谷山さん一家はスペイン料理を楽しみ、帰途に就いた。
ホームは沢山の人で溢れている。
そんな中、見るからにおかしな男性がいた。
黄色の帽子、赤いシャツ、青いパンツ。大きなリュックサックは黒だ。
赤シャツの男性は、大声で駅のアナウンスを真似ている。
驚いたことに、入ってくる電車の情報は正確そのものであった。
余り繁々と眺めているのもどうかと思い、谷山さんは男性から目を逸らした。
しばらくして、男性が何やら慌てふためきながら、何事か繰り返し叫び始めた。
「次に入ります急行は、当駅に臨時停車します。危ない。危ない」
近くにいた人達が、触らぬ神に祟りなしとばかりに男性から離れる。
その直後、階段付近にいた女性が入ってきた急行に飛び込んだ。

それから数カ月後。

谷山さんは、同じ駅で再び赤シャツの男性を見かけた。

服装も、やっていることも同じだ。

しばらくして、男性はあの日のように慌てだし、何事か繰り返して叫び出した。

「次に入ります新快速は、当駅に臨時停車します。危ない。危ない」

嫌な予感は的中し、谷山さんの目の前でサラリーマンと思しき男性が飛び込み自殺したという。

ランキング外を目指して

香坂さんは大学時代、自殺の研究に没頭していた。

発端は従妹の自殺である。従妹は、すみませんと一言だけ書いた遺書を残していたらしい。

何故、自殺に至ったかは解明されていないのだが、恐らくイジメが原因ではないかと噂されていた。

当時、高校生だった香坂さんにとって、忘れ難い経験であった。

大学で児童心理学を専攻したのも、その為である。

ゼミの仲間数名と、自殺の方法について話し合ったのが切っ掛けで、自殺研究会なるものを立ち上げたそうだ。

会員は香坂さんを含めて十三名。

ゼミ仲間と言っても、研究自体は小難しいものではなかった。

世界各国の文献や事例をかき集め、様々な自殺方法について討論するのが主な活動である。

自殺がどれほど苦しいか調べて世に知らしめれば、少しは予防に役立つのではないかという趣旨だ。

ある日のこと、何処で聞きつけたのか、女子学生が入会を希望してきた。

名を今川小夜子という。

何が気に入ったのか、小夜子は異様なほど会の活動に熱心だった。

【楽に死ねる自殺方法ランキング】などというものまで作り上げたほどだ。

にも拘わらず、小夜子は僅か三週間で脱会した。

どうやら小夜子は、実際に自殺を目指す者の集まりだと勘違いしていたらしい。

単なる調査の集まりだと分かり、罵詈雑言を投げつけて出ていったのである。

その後、小夜子はとうとう自殺を実践した。

理由は不明だ。遺書らしきものは残っていない。

一時は、警察の呼び出しもあり、香坂さんは大変な思いをしたそうだ。

それを機に自殺研究会は解散し、仲間とも疎遠になった。


その仲間の一人である飯島から連絡が入ったのは、社会人になって五年目の秋であった。

どうしても会って話さなければならないことがあるという。

飯島は、憔悴《しょうすい》しきった顔で待ち合わせの店に現れた。

学内でも美青年として名を馳せてきた男とは思えない風貌である。

飯島は、挨拶もそこそこに信じられない話を始めた。

自殺研究会の会員が、次々に自殺しているというのだ。

毎年一人ずつ死んでいる為、残っているのは自分を含めて八人だけ。

自殺した者達は、それぞれ違った方法で死んでいる。

その方法が、小夜子の作った【楽に死ねる自殺方法ランキング】に沿っているという。

小夜子は、そのランキング第一位の方法で死んだ。

つまりは最も苦痛が少ないだろうと思われる死に方を選んだのだ。

研究会員で自殺した者は、今までで五人。

それが見事なまでにランキング通りに死んでいる。

「ただの偶然かもしれない。けど、何か妙なことがあったら、お互いに知らせ合うことになった」

そう言って、飯島はそれぞれの連絡先を残し、店を出た。

それが飯島の最後の姿であった。

仲間からの連絡によると、飯島は殺虫剤を大量に飲み干して死んだと聞く。

死ぬ直前と思われる頃、全員の携帯電話にメールが入っていた。

それには『小夜子が』とだけ記してあった。

呪われるようなことをした覚えもなく、どうすれば逃げられるかも分からない。

まるでお手上げである。

が、一つだけ救いがある。

「ランキングは十位までだから、三人は無事なんです。そこを狙うしかない。とりあえず自殺なんか考えないように、明るく生きてこうかなと」

ちなみにランキング十位は焼死だという。

余計なこと

西脇さんは登山を趣味にしている。

若い頃は、世界七大陸の最高峰を極めたい等という夢を描いたこともあるそうだ。

残念ながらその夢は歳を経るとともに消え去り、今は近場の山を登ることで満足している。

今年の夏、西脇さんは休暇を利用して県外の山に向かった。

それほど難しい山ではない。西脇さんにとってハイキング程度の山であった。

いつも通りの装備で、気を引き締めて登り始める。

しかしながら、心の片隅で甘く見ていたのだろう。

珍しく、道に迷ってしまったという。

西脇さんは、とりあえず休息を取り、ゆっくりと周辺を見渡した。

食料も水も十分にある。疲労はあるが、怪我などはない。携帯電話は繋がらないが、広い範囲の地形図がある。

全体を俯瞰《ふかん》しようと決めた西脇さんは、高い場所を目指して歩き出した。

歩き始めて五分。西脇さんは元いた場所に戻っていた。

何度試みても抜け出せない。不味いことに雨が降り始めた。

体温の低下は何としても避けねばならない。西脇さんは、近くにそびえる大木の下に移動した。

さすがに疲れ果て、立っていることができない。しゃがみ込んだ西脇さんは、木の根元に置き去られたリュックサックを見つけた。

古びてはいるものの、木の下にあったせいか汚れは少ない。

どういう状況下で置いていかれたのか見当が付かない。

リュックサックには名札が付いており、それには中部地方の住所と、男性の名前が記されてある。

西脇さんは思い切ってリュックサックを開けてみた。

登山に使う物品ばかりだ。西脇さんと同じく、単独行の途中だと判断できた。

これを残した男性が近くにいるのではと思い、西脇さんは辺りを見回した。

それらしき人影はない。

とにかく何としても下山し、このことを警察に通報しなくてはならない。

西脇さんは、気持ちを入れ替え、立ち上がった。

リュックサックを丸ごと持っていくのは負担が大きい為、携帯電話で撮影した。

住所と名前は楽に覚えておけるほど簡単なものだったが、念の為に記録しておく。

「何処にいらっしゃるか分かりませんが、必ず戻りますからね」

そう呟き、西脇さんは歩き出した。その途端、すぐ近くの草むらから声を掛けられた。


――余計なことをしないで。


若い女性の声だったという。

驚くと同時に怒りが湧いた西脇さんは、声が聞こえた草むらに怒鳴った。

「誰かいるのか。余計なことって何だ」

返事がない。西脇さんはずかずかと近付き、草むらに割って入った。

そこには、背中を向けて座る人がいた。

長い髪の女だ。細い身体にスカートを穿いている。

「あの、ここで何してんですか」

話しかけた瞬間、女が消えた。そこにあるのは、古びて泥まみれの衣服だけである。

そこまでが限界だった。西脇さんは転がるようにその場を離れ、山道を走って逃げた。

無我夢中で走るうち、いつの間にか人里に出ていたらしい。

早速、警察に通報しようとした西脇さんは、意外なことに戸惑った。

記憶した筈の住所と名前が思い出せないのである。何処にでもある名前なのだが、どうしても思い出せない。

撮影した画像も焦点が合っておらず、全く判別できない。

それでも何とかして名字だけは思い出せた。

「確か、佐藤さんだ」

そう呟いた途端、背後で女性の声がした。

――余計なことをしないで。

届かない二人

中野さんは、同僚の女子社員に恋愛感情を抱いていた。

女性の名は坂尾綾乃さん。入社して四年目である。

綾乃さんは、ここ何日か欠勤が続いていた。

恋人である康則さんの事故死が原因である。

康則さんも同じ会社に勤務しており、結婚も間近であった。

今から三カ月前のことだ。

康則さんは競技用の自転車を趣味にしていた。いつものように練習していた際、雨上がりの道で滑ったところを後ろから来た車に轢《ひ》かれた。

綾乃さんは酷く落ち込んだが、何とか立ち直ったところであった。

本人曰く、康則さんの御両親が優しく励ましてくれたそうだ。

亡くなった息子の分まで、人生を楽しんで思い切り生きてほしいと言われたらしい。

それなのに何故、今頃になってと皆が不思議に思ったのも無理はない。

仲の良い同僚が家を訪ねたところ、綾乃さんは思い詰めた顔で理由を話してくれた。

事故現場に、康則さんが現れるという噂を聞いたことが発端である。

自転車は、衝突して十メートルほど飛ばされた。

康則さんは、何度か地面に叩きつけられた後、カーブミラーの下で止まった。

そのカーブミラーに男が映るそうだ。康則さんかどうかは不明だが、上下とも青いサイクリングウェアを着ているらしい。

綾乃さんは、その噂を聞いてからずっと、現場に通い詰めているというのだ。

康則さんが大好きだった酒を置いたり、二人の思い出の写真を飾ったりしているが、未だに会えていないという。

話を聞いてきた同僚は、涙ながらに皆へ触れ回った。

殆どの人は哀れんだのだが、中野さんだけは違った。

カーブミラーにそんなものが映るわけがない。

ありもしない現象に縛られて、人生を棒に振るなんて許されないことだ。

僕が何とかして助けてあげなければと固く心に誓ったのである。

まずは、現場の確認からだ。善は急げとばかり、中野さんは休日の朝から車を走らせた。

ある程度の場所は話に聞いている。後は、酒や花が供えられているカーブミラーを探せば良い。

作戦は上手く行き、それらしき現場が見えてきた。路肩に車を停め、近付いてみる。

何処にでもある、ごく普通のカーブミラーである。その下に花束があった。

場所は把握できた。後は夜になるのを待ち、綾乃さんを説得すれば良い。

一旦、戻り掛けた中野さんの視界の片隅に、ふっと人影が入り込んだ。

振り向くと、カーブミラーの下に男が立っていた。青いサイクリングウェアを着ている。

ヘルメットがずり落ち、顔の右半分が隠れているが、それでも康則さんだと分かった。

中野さんは慌てて車に戻った。

まさか自分がそんなものを見るとは思ってもいなかったらしい。

恐る恐る顔を上げた。康則さんは何か言いたげに、こっちを見ている。

そこまでが限界だった。中野さんは、震える手でハンドルを握りしめ、その場から離脱した。

自宅に戻り、ようやく落ち着いた中野さんは、今しがた目撃したことを反芻《はんすう》してみた。

噂は本当だった。もしかすると自らの死に気付いていないのかもしれない。

そう感じた中野さんだったが、次どうするかで大変迷ったという。

これこれこういう状態ですと教えるのは容易いが、果たしてそれで綾乃さんが止めるだろうか。

今よりもっと熱心になるのが目に見えている。

結局、中野さんは口を閉じることにした。

それが間違いだったと分かるまでに二日を要した。

綾乃さんは康則さんの後を追ったのである。カーブミラー近くの木で首を吊ったのだ。

苦い後悔と花束を携え、中野さんは現場に足を運んだ。

前回と同じ場所に車を停め、降りようとして気付いた。

二人がいる。

康則さんは前回と同じくカーブミラーの下に立っている。

そのすぐ側の木に綾乃さんがぶら下がっている。

二人は目と鼻の先にいるのに、お互いを見ようとしていない。

気付いていないのである。

事故死と自殺の違いなのか、亡くなった時間に縛られているせいか。

中野さんは様々な理由を考えてみたが、とにかくその光景は見るに忍びなかったという。

自分が触媒になれれば、或いは通訳のような行動をすれば二人は出会えるのではないか。

中野さんは、そう確信しているそうだ。

「でも、どうやったら良いか分かりませんし。申し訳ないとは思うんですけど」

そう言って中野さんは、穏やかに笑った。

どさり

奥田さんは勤続十年目の警備員である。

十年前までは警察官であった。

色々な経験を積んできたが、思い返すのも嫌なのが遺体の処理らしい。

処理などと言っては不遜の極みなのだが、そう言わざるを得ないほど酷い状態のものを多く見てきたという。


警察官になって初めて扱った遺体は、首吊り自殺である。

当時、交番勤務だった奥田さんは、先輩と二人で現場に向かった。

賃貸のアパートである。自殺した女性は、ロフトからぶら下がっていた。

遺体を下ろす必要があるが、できるだけ傷を付けないようにしなければならない。

先輩は事もなげに、こう言ったそうだ。

「俺がロープ切るから、お前は下で受け止めろ」

拒否できるわけもなく、奥田さんは遺体の真下で身構えた。

抱き合う形で受け止めないと、バランスを崩して前に倒れてしまう。

下手をすれば自分が怪我をする。

奥田さんは遺体を見上げたまま、ロープが切られるのを待った。

遺体と正面から対峙する形である。

目を閉じれば済む話だが、それではロープが切られた瞬間を見逃す。

細身の女性の死体とはいえ、唐突に持たされたら腰をやられる。

どうしても遺体の顔に目が行ってしまう。醜く膨れている。今にも破裂しそうだ。

生きている頃は綺麗だったかもしれないが、今や単なる肉の塊である。

先輩がノコギリでロープを切り始めた。

「あと少し。よし、切れるぞ」

軽そうに見えるが、それでも四十キロはあるに違いない。奥田さんは衝撃に備え、腰を据えた。

「切れた」

プツッという音がした。来る。

「あれ？」

奥田さんと先輩は同時に声を上げた。

確かにロープは切れている。首から垂れ下がっている。

が、遺体が落ちてこないのだ。何かに引っ掛かるような場所ではない。

何が起こっているのか判断できず、先輩に対処方法を訊こうとした途端、遺体が溜め息を吐いた。

次の瞬間、遺体は奥田さん目掛けて落ちてきたという。

いきなりだった為、奥田さんは遺体と抱き合う形で転倒した。

幸い、遺体に傷は付かなかったが、奥田さんは膝を強打してしまったそうだ。

遺体の搬送後、話しかけようとした奥田さんを制し、先輩が言った。

「訊くな。俺にも何が何だか分からん」

先輩は絶対である。奥田さんは疑問を全て飲み込んだ。


その夜。

当務を終え、帰宅した奥田さんは飲み込んだ疑問を吐き出しながら酒を飲み始めた。

「有り得ないって。浮くってどういうことよ。何が溜め息だ、くそ」

愚痴をこぼしながら立ち上がり、受け止めたときの状況を家族に再現してみせた。

「俺がこうやって立ってただろ。ロープを切った瞬間は浮いてたんだ。三秒ぐらいかな。で、どさりと」

そう呟いた瞬間、見えない何かが落ちてきたという。

突然だった為、盛大に転んでしまい、辺り一面が酒浸しになったらしい。

呆然と天井を見上げる奥田さんの耳元で、誰かが溜め息を吐いた。

聞き覚えのある溜め息であった。


その後、誰かを受け止める真似をする度、どさりと何かが落ちてくるようになった。

実のところ、今でもそうなる。

「だとすると、その女性は十年以上も奥田さんの上に浮いてるんですね」

そう言うと凄く嫌な顔をされた。

二人だけとは限らない

今から二十年前、川辺さんは清掃業に従事していた。

ビルやショッピングセンターに赴き、床面のワックスを塗り替えるのが主な仕事である。依頼があれば、一般家庭の掃除も行う。

ごく稀に、孤独死の現場の片付けを頼まれるときもあった。

今でこそ、そういった現場専門の会社が存在するが、当時は世間から認知されておらず、請け負う業者も僅かだったらしい。

皆が嫌がる仕事であるだけに、臨時手当が出る。

借金返済に追われていた川辺さんは、率先して引き受けたそうだ。

川辺さんは残された遺品を整理し、ゴミとして出すのが仕事である。遺体そのものを手掛けることはない。

とはいえ、現場には人の形のシミや腐敗臭が残っており、長く滞在できるような環境ではなかったという。

その日、向かったのは古びたアパートの一室であった。川辺さんをリーダーとして、全員で四人のチームである。

十二部屋のうち十部屋が埋まっているとのことである。

家主が言うには、亡くなったのは独居老人で、次の借り手も同じく独居老人らしい。

家賃が安ければ、前の借主がどうなっていようと構わないそうだ。

現場は二階の角部屋。まだ表札が掛かったままである。

表札と言っても、ボール紙にサインペンで〈吉岡澄夫〉と書いてあるだけだ。

ドアを開けると、次亜塩素酸の臭いが鼻に絡みついてきた。

消毒と消臭の為に、遺体を片付けたときに散布したものである。

おかげで、遺体の腐敗臭は殆ど残っていない。

室内は、ゴミ屋敷とまではいかないが、雑然としている。

川辺さんは先頭に立って作業を始めた。

玄関に近い部屋を任せ、自らは奥の間に向かう。亡くなっていたのは、そちらだと聞いていた。

閉め切ったカーテンを開けようと窓に近付いたとき、川辺さんは部屋の片隅に誰かが座っているのに気付いた。

灰色のスーツを着た七十歳ぐらいの老人である。きちんと正座し、真っ直ぐに前を見ている。

川辺さんは、亡くなった人の身内だと思ったらしい。

「あの、すみません。私共は清掃業者でして。今からこちらを掃除させてもらうのですが」

老人は返事もせずに前を見続けている。

隣の部屋から部下がやってきた。

「何やってんすか、川辺さん」

「何って、こちらの方に説明をだな」

部下は怪訝《けげん》な顔で言った。

「気味悪いこと言わないでくださいよ。誰もいないじゃないっすか」

いや、ここにおられるだろうと言い掛けて川辺さんは戸惑った。

さっきまで座っていた老人が見当たらない。辺りを見渡したが、姿形もない。

狭い部屋である。身を隠す空間などない。川辺さんは曖昧に言葉を濁し、作業に取り掛かった。

ゴミか遺品かを選別しながら、それぞれにまとめていく。

ふと気付くと、先程の老人が目の前にいた。

どう解釈すれば良いのか迷う川辺さんをじっと見つめている。

「あの……掃除しても」

まだ見ている。

「ええと、弱ったな」

次の瞬間、老人は正座したままの状態で滑るように近付いてきた。

川辺さんの悲鳴に驚いた部下達が顔を覗かせた。全員の視線が川辺さんに集中している。

どうやら見えているのは自分だけだと気付いた川辺さんは、ゴキブリがいたんだと言い訳した。

改めて老人と向き合う。

川辺さんは、小声でお経を唱えてみた。が、反応なし。

次に、自分には何もできないので、どうか諦めて消えてくださいい等と説得してみた。

これも無反応である。

どうすれば良いか悩むうち、川辺さんはふと思いついた。

「吉岡澄夫さん、生前は御苦労さまでした。どうか成仏なさってください」

名前を呼ばれた老人は、心底から嬉しそうに微笑み、一瞬で消えたという。

名前を呼ばれることが、それほど嬉しかったのかと泣きそうになりながら、川辺さんは作業を再開した。

作業は順調に進み、残るは風呂場だけである。

扉を開けた途端、川辺さんは再び悲鳴を上げた。

老女が天井からぶら下がっていたのだ。

何か言いたげに川辺さんを見つめている。

が、残念ながら名前が分からない。

川辺さんは、風呂場の掃除を部下に任せて外に出た。

家主に問い合わせれば先程の老女の名前が分かるとは思うが、面倒だからやらなかった。

部屋と電話と

山口さんは自他共に認めるのんびり屋である。

小さなことは気にせず、おおらかに過ごす性格は母親譲りらしい。

少し前のことになるが、その山口さんが滅多にないことをした。

いつものように会社に着いてから、ストーブを消してきたか物凄く気になってきたのである。

そういった基本的なことは確実にやっている筈だが、その日に限って不安で堪らなくなってきたという。

ストーブが気になると、ガス栓も気になってきた。

部屋の電気、ドアの鍵、ありとあらゆる事柄が上がってくる。

仕事が手に付かなくなってしまった。

これではいけない。

山口さんは自らの頬を叩き、仕事に集中した。

僅か三分でその集中力は消えた。

こうなれば仕方がない。

山口さんは離席し、トイレに向かった。

スマートフォンを取り出し、母に電話を掛けた。

母は、山口さんのアパートから自転車で十分強の場所に住んでいる。

申し訳ないけれど頼むしかない。

コール三回で母が電話に出た。

かくかくしかじかと打ち明ける。

母は爆笑後、快諾してくれた。

現地に到着したら折り返し電話するという。


きっかり十分後、山口さんのスマートフォンが鳴った。

母からである。

「まずは玄関オッケー」

母は実況中継しながら部屋の中を進んでいった。

「ストーブよし。電気よし」

その次が台所というところで、母は突然悲鳴を上げた。

「何これ、何よこれどうしたのこれ、誰か首吊ってる！」

そう叫んで電話が切れた。

それから何度掛け直しても留守電に切り替わってしまう。

山口さんは、母が倒れたと嘘を吐き、会社を早退した。

タクシーを拾い、半時間後には自室に到着していた。

ドアを開けようとして山口さんは戸惑った。

鍵が掛かっているのだ。とりあえず解錠し、中に入る。

更に戸惑った。母親の靴がない。

「母さん。大丈夫？」

恐る恐る台所に向かう。そこには母親どころか、誰もいなかった。

何が何だか分からず、山口さんはとりあえず母に電話を掛けた。

「あら。どうしたの今頃」

どうしたのじゃないわよと声を荒らげる。

どうしたもこうしたも、あんたから電話が掛かったのは、これが最初だ！　と逆にキレられた。

その後、実家に行き、スマートフォンを調べたのだが、母の言う通りだった。

自分は一体、誰と話していたのか。

その誰かが言っていた首吊り死体とは何か。

余りにも分からないことが多過ぎる為、山口さんは部屋とスマートフォンの両方を解約したという。

蝉《せみ》

去年の盆のことだ。

酒井さんはいつも通り、祖母の家へ墓参りに向かった。

いつもと違うのは、妻が妊娠していることである。

祖母にとって初孫だ。心底嬉しそうであった。

その姿にほのぼのとした思いを抱きながら、酒井さんはビールを持って縁側に向かった。

とりあえず一口飲んでから、妙なことに気付いた。

庭が静かなのである。

祖母の家には大きな松の木があり、いつもなら耳を塞ぎたくなるほど蝉の声が喧《やかま》しい。

亡くなった祖父が大の昆虫好きであり、わざわざ蝉を捕まえて松の木に止まらせたのが始まりだ。以来、徐々に増殖していったのである。

それがどうやら一匹もいないようだ。

祖母に訊くと、うるさくて堪らないから、今年は早めに手を打ったという。

元々、蝉なんか大嫌いだとも言った。

蝉の卵は元々土の中にあると勘違いされやすいが、本来は木の幹に産みつけられる。梅雨に入ると孵化《ふか》を始め、微小な幼虫の姿で木を降りて土に潜る。

その為、この時期に退治するのは難しい。

地中から這い出し、木にしがみついた幼虫が孵化するまで待つのである。

孵化した蝉は一晩その場所で過ごす。

祖母は、わざわざ真夜中に起き、成虫になったばかりの蝉を片っ端から潰していったらしい。

更には、外部から飛んでくる蝉もこまめに退治していく。

無惨とは思ったが、静かなのは確かだ。それはかなりありがたいことである。

酒井さんは自らを納得させ、会話はそこで終わった。

その夜、酒井さんは蝉の声に起こされた。

何処で鳴いているのだろうかと目を開ける。部屋の中なのは確かだが、はっきりとしない。

それでもようやく音の源が分かった。蝉の声は、隣で眠っている妻から聞こえてくる。

正確に言うと、妻の腹部からである。酒井さんは妻の腹部を覆うタオルケットを剥いでみた。

蝉など何処にもいない。妻の腹があるだけだ。その腹の中から蝉の声が聞こえてくる。

声を掛けて起こそうとした途端、ピタリと蝉は鳴き止んだ。

翌朝、精霊送りを終えた頃から、妻が激しい腹痛を訴え始めた。

救急車の到着を待たず、股間から血と水が溢れてくる。

救急センターに搬送されたのは、その十五分後。

酒井さんは担当医に呼び出され、説明を受けた。

残念ながらと前置きし、担当医は死産を告げた。

全く何の異常もなく、順調に育っていたのである。にも拘わらず、胎児は潰れていたとのことであった。

事情を知った妻は、無表情のまま蝉の声を真似た。

そしてそのまま戻らなくなった。

食事も僅かしか摂らず、日がな一日を蝉になって過ごす。

祖母は自分のせいだと思い悩み、松の木で首を吊った。

発見されたとき、その身体には大量の蝉が取りついて鳴いていたという。

虚ろの城

園田さんには自分の店を持ちたいという夢があった。

何年か前に出会った手打ちうどんに驚き、その店の主が脱サラ組だと知ったときに抱いた夢である。

各地を食べ歩き、教室で学び、資金を貯め、着々と夢の実現を目指してきたという。

居抜きの物件を見つけたのは、去年の春先のこと。

新築の六階建てビルだ。店舗は一階のみ、二階から上は賃貸のマンションになっていた。

売りに出されていたのは、三軒並んだ真ん中の物件である。

左右はパン屋と書店。

以前の店は大衆食堂とのことで、調理場の心配はない。

店主の都合で、僅か二週間弱で退店したらしい。

ある程度の内装を整えれば、すぐにでも開店できそうだ。

立地条件も良く、自宅から通うのにも便利だ。

これを逃したら、夢は夢のままで終わるかもしれない。

妻もやる気満々である。

園田さんは勢い込んで決断した。

それから三週間後、園田さんは自分の店の前で看板を見上げ、しみじみと喜びを噛みしめていた。

いよいよである。

今のところ品揃えは少ないが、味には自信がある。

最初の三日間を乗り越えたら、目標を三週間、三カ月と延ばしていく。

園田さんは己に喝を入れ、開店の準備を始めた。

幸いにも、出足は順調であった。来店客は皆、味に満足してくれたようで食べ残しもない。

何人かは、再来店を約束してくれた。

パン屋と書店の店主からも祝ってもらい、順風満帆の出足となった。

翳《かげ》り始めたのは、二週間後のことだった。

思ったよりも客足が伸びない。店舗の運営に支障が出る程ではないが、余裕のない状態だ。

パン屋も書店も似たような状況だという。

園田さんは、原因と対策を話し合う場を設けた。

パン屋は、客足の悪さも気になるが、自身や店員の体調不良が気になるという。

書店も、我が意を得たりとばかりに不調を訴える。

店にいるときだけ調子が悪くなるのは、健康を害するような建材が使われているからではないか。

もしかしたら、客足が伸びない間接的な原因かもと付け加えた。

言われてみると、園田さんにも心当たりがある。

「実は、前あった大衆食堂も」

と、パン屋が言い出した。

家族経営の店だったが、店主を始め全員の調子が悪くなり、そのせいで店を畳まざるを得なくなったのだ。

三人は黙ったまま、互いの顔を見合わせた。

とにかく一度、不動産屋と話し合おうと決まった。


翌日。

夜遅くに不動産屋はやってきた。

場所は園田さんの店である。

事前に用件は伝えていた為、不動産屋は早速、テーブルに図面や仕様書を広げた。

事細かく説明した上で、不動産屋はマンション自体の不備を否定した。

土地自体にも汚染物質などはない。

マンションに用地を売却した地主が長年暮らしていたが、全員元気そのものだった。

九十歳のお爺さんの大往生を待ってから、土地を手放したぐらいだ。

ならば、複数の人間が体調不良になったのは何故かと問われた不動産屋は、渋面を浮かべて「今のところ、私共には分からないんです」と頭を下げた。

到底、納得できる内容ではないが、現時点でこれ以上の進展はなさそうである。

とりあえず、念入りな調査の実施を約束させ、会合は終わった。

それから数日後、園田さんの店にパン屋が訪れた。

暗い顔つきで、店を畳むと言い出した。

経営的にはまだ踏ん張れるのだが、これ以上ここにいては駄目な気がしてならないのだという。

四六時中、そんな不安感に包まれているせいか、仕事に集中できない。

自分だけではなく、妻やアルバイトの店員も同じである。

妻などは、早く出ていけという声を聞いたらしい。

とにかくこのマンションから逃げ出さないと大変なことになる。

どうかしてるわけでもないし、頭がおかしくなったわけでもない。

パン屋は、ひたすら詫びを繰り返しながら出ていった。

追いかけた園田さんの目前に引っ越し業者のトラックが止まった。

マンションの住人が出ていくようだ。

ふと気になった園田さんは、マンションの郵便受けを確かめに行った。

驚いたことに、半分以上が空き部屋になっている。

園田さんは、今から引っ越そうとしている男性を待ち構え、近付いた。

今、このマンションの問題について調べていると説明し、お身内で体調不良を訴えている人はいないかどうか訊ねる。

男性は焦燥を露わにした様子で、こう答えた。

「とにかくここから出ていかないと駄目なんです。ここにいてはいけないって気になって仕方ない」

翌日も、翌々日も引っ越し業者のトラックがやってきた。

その都度、園田さんは同じように質問を繰り返した。

ここにいてはいけない。

ここから出ていかないと大変なことになる。

判で押したような言葉が返ってくる。

何人かは、パン屋の妻と同じように、早く出ていけという声を聞いていた。

日が経つにつれ、園田さんにも同じ感情が芽生えてきた。

負けるわけにはいかないという気持ちが、辛うじて勝っていたという。

妻も普段と変わらない笑顔で頑張っている。

園田さんは、得体の知れない不安感と闘いながら、懸命に店を続けた。


パン屋が閉店した十日後、書店が後に続いた。

園田さんは、理由を訊ねる気にもならなかった。

空き店舗に左右を挟まれたせいか、客足は更に落ちた。

マンションの住人も、残り数戸である。

それでもまだ、園田さんは頑張ろうとしていた。だが、その気持ちを破壊する出来事が起きた。

妻の自殺である。

いつものように開店前の掃除をしていた妻は、雑巾を持ったまま外に出ていき、マンションから飛び降りたのである。

妻が地面に激突した音は、園田さんの心が折れた音でもあった。


それから一年後、園田さんは警備員として働いていた。

工事現場の誘導をしているとき、あのマンションが取り壊されるという噂を聞いた。

既に解体が始まっているという。

自分の夢だった場所が更地になる前に見ておきたくなった園田さんは、わざわざ休暇を取って朝から出かけていった。

怖いのは勿論《もちろん》だ。無惨な姿になった妻を思い出したくない気持ちもある。

それでも園田さんは、行きたかったそうだ。

一年ぶりのマンションは殆どなくなっていた。

工事用の塀に囲まれ、中は覗けそうにない。作業用の出入り口にいた工事関係者に、以前ここで店をやっていた者だと告げ、見学させてほしいと頼み込んだ。

願いはあっさりと叶えられ、園田さんは現場の片隅で作業を見守り始めた。

今は、マンションのエントランス部を破壊しているようだ。

皮肉にも、定礎のプレートが残っている。

側に私服の男性が立っており、作業員に話しかけている。

内容から察するに、どうやらこのマンションのオーナーらしい。

作業員が丁寧に定礎のプレートを外すと、中には金属の箱が入っていた。

園田さんは定礎箱のことは知っていたという。

あの中には設計図や関係者の名簿が入っている筈だ。

興味を覚えた園田さんは、私服の男性に話しかけ、中を見せてほしいと頼んだ。

昔、ここでうどん屋をやっていたと言うと、男性は喜んで了承してくれた。

男性はステンレス製の蓋を開け、一つずつ取り出しながら説明を始めた。

「大したものは入ってないんだけどね。ええと、これが設計図かな。こっちがその日の新聞、それと……ああこれこれ、これは大切なものなんだ」

そう言って男性は小さな袋を取り出した。

「うちの祖父さんの遺骨。死んだらここに埋めてくれって頼まれてね、新聞に隠してこっそり入れといたんだ」

園田さんは、相手が何を言ってるのかすぐには理解できなかったそうだ。

ぽかんと口を開けたまま、男性が持っている遺骨を見つめる。

遺骨。

遺骨を埋めた上に建つ物って、それは墓じゃないのか。

俺達は、墓で暮らしていたのか。

気が付いたときには、園田さんは男性に跨って殴り付けていたらしい。

止めようとする作業員を振り解き、工事現場を逃げ出す。

走りながら声を上げて泣いていたという。

今、マンションがあった場所には大型スーパーが建っている。

大盛況の毎日である。

条件更新

五年前の夏、長谷川さんは長年の夢であったマイホームを手に入れた。

駅裏の再開発の一環として建てられたマンションであり、周辺には何一つない。以前は田畑があったようだが、今現在は何も作られていないようだ。

その眺めは、自然を愛する長谷川さんにとって最高の贈り物だったが、ただ一つ傷があった。それは、眼下に見える廃屋である。

木造の二階建てだ。

かなり前から放置されているらしく、蔦《つた》に覆われた屋根や壁の所々に穴が開いている。

建っているのがやっとの状態に見えた。

好奇心旺盛な長谷川さんは、散歩の途中に立ち寄ってみた。

表札の文字は色褪せていたが、辛うじて竹村と読める。

開発される前、この辺り一帯には小さな集落があったと聞いている。

そのうちの一軒が残っているのだろう。長谷川さんは、そう推測した。

見ていて気持ちの良い建物ではない。

幸いと言っては何だが、竹村家は駐車場のすぐ側にある。

長谷川さんの部屋からは、ベランダに出て見下ろさない限り目にすることもない。

いずれにせよ、周辺一帯は開発予定地域であり、この廃屋が解体されるのも間近と思われた。


一週間も経たずマンションは全室が入居済みとなった。

他人の世話焼きが好きな長谷川さんは、率先して自治会長を引き受けた。

例えば共用道路の草引きであるとか、溝掃除などの役割分担、ちょっとした親睦会なども率先して決めていったという。

何度目かの集会で、竹村家が話題に上った。

住民全員が気にしていたのである。中には露骨に顔をしかめる者もいた。

周辺は整地が進み、道路も新設されている。それなのに、いつまでもあの家だけが撤去されないのは何故か。

とりあえず知りたいのは、その理由である。

切実なのは低層階の住民であった。カーテンを開ける度、嫌でも目に入ってしまう。

そこにあるだけで気分が悪くなるという意見も多く、長谷川さんが代表でマンションの販売業者を訪ねることになった。

担当者は、拍子抜けするほどあっさりと理由を教えてくれた。

竹村家は借地に建てているとのことだ。その一帯は買収が進まないらしく、どうにもならないという。

再三にわたって地主と交渉しているのだが、なかなか良い返事が貰えないらしい。

「私共も早急に着手したいのですが、これぱかりは何とも。ただ、いずれ更地になるのは間違いありません」

そう言って担当者は頭を下げた。

事情が分かってしまえば、後は気の持ちようである。いつかは撤去されるのであれば、何とか我慢もできる。

マンションの住民全員が努力して竹村家を無視する日々が続いた。

そんなある日、痛ましい事件が起こってしまった。

十六歳になったばかりの少女がベランダから飛び降り自殺をしてしまったのである。

普段通り学校に行った筈なのに、いつの間にか帰宅していたらしい。

激しい激突音に驚いた住民が外に出てみると、駐車場でうつ伏せに倒れている少女がいた。

地面に激突した後も、しばらくは息があったようで、数メートルほど這った跡が残っていたという。

これが発端であった。

事件から七日後の早朝、マンションに再び激突音が響き渡った。

飛び降りたのは、母親になったばかりの女性である。女性も前回の少女と同じく、死ぬまでの数秒を使って移動していた。

僅かの間に理由が分からない自殺が続き、住民達は言い様のない不安に包まれ、マンション内に噂が飛び交うようになった。

竹村家が原因ではないか。その証拠に、自殺した二人は死ぬまで身体を引きずって竹村家を目指していたではないか。

その推測を裏付けるように、三人目の自殺者が現れた。

今回は飛び降りではない。首吊りである。三階に住む働き盛りの男性が、竹村家の塀に縄を掛けて死んでいた。

長谷川さんは再度、販売業者を訪ね、住民の不安をぶつけた。

あんた達は何か知っているのではないか。一体、あの家には何があるのだ。

怒りを露わに迫る長谷川さんに向かい、担当者は頭を下げ、我々も困惑していると言うだけであった。

とにかく、何か自衛手段を講じなければならない。

長谷川さんを中心に据え、住民達は必死になって情報を集めようとした。

住民同士で金を出し合い、高名なお祓い師に頼もうと提案する者もいたが、一部の住民から反対されて実現には至らなかった。

反対した住民は既に転売相手を探し始めており、その障害になると考えたらしい。

結局、ある程度の情報を手に入れてきたのは、それぞれの家の子供達であった。

学校では既に評判になっていたのだ。

この地域で生まれ育った人間からすると、駅裏は絶対に住んではならない場所だというのだ。

全ての原因は、やはり竹村家であった。

もう一つ驚くことに、事情を知る者は全員が「あの家」と呼んだ。決して固有名詞を出そうとしないのだ。

名前を出すことは最大の禁忌であった。

それ以外にも禁忌がある。

あの家を見てはいけない。

あの家に近付いてはならない。

こうやって話題にすることすら、本当は禁じられている。

「一刻も早く逃げたほうがいいよ。それが無理なら、あの家が見える場所に近付かないほうがいい。あの家が見えるってことは、あの家からも見られてるってことだから」

級友達はそう言って、二度とその話題に触れようとはしなかったという。

長谷川さんは住民達と共同で、高い塀を建てた。これで低層階の者は安心である。

高層階に住む者は、ベランダの下部を覆って下が見えないようにした。

それと何よりも、竹村家のことは話題にしないと申し合わせた。

一旦はこれで治まったかに見えた。


だが、しばらくして四人目の死者が出た。

低層階に住む老人である。

竹村家の敷地に入り、自らの喉を突いて命を絶っていた。

長谷川さんは、話の最後にこう言った。

「条件が変わったんでしょうね。例えば――名前を知っている者全てとか」

入ってはいけない家

長田さんは今年で警備員になって六年目だ。

この春から、とある企業の研究農場に配属された。

敷地面積は大きいが、仕事は楽だという。

防犯センサーが隅々まで張り巡らされており、万が一それが反応すると元請けの警備会社の緊急対処員が駆けつけてくるのである。

長田さんは孫請けの警備員であり、一時間に一度、場内を巡回用の軽自動車で走れば良いだけだ。

センサーが反応することは稀であり、長田さんは穏やかな日々を過ごしていた。

ある日のこと、巡回中の長田さんの携帯電話が鳴った。

元請けの警備会社からだ。防犯センサーが反応したから鍵を持って現場に急行せよとの指令である。

マスターキーでは解錠できない場所とのことで、長田さんは警備員詰め所に戻ってキーボックスを開けた。

平面図によると現場は農場内ではなく、塀の外にあるようだ。

通常使う鍵はアルファベット記号と数字の組み合わせなのだが、その鍵には【特】とだけ記してあった。その名に似合った古びた鍵である。

正門を出て、塀沿いを左に向かって巡回車を走らせていく。

既に緊急対処員は到着していた。一応、お互いに身分証明書を見せ合って確認する。

緊急対処員は木野という名の若い男性であった。

現場は、今にも崩れ落ちそうな民家である。玄関はドアではなく、引き戸。

その右手に木製の面格子で守られた小窓がある。

築年数の見当が付かない家だ。

玄関上部に据え付けられた電気メーターは微動だにしない。

その横に取り付けられたパイロットランプが点滅している。何らかの異常が発生した証である。

木野の説明によるとバッテリー駆動だという。

促され、長田さんは玄関の鍵を開けた。

引き戸を開けると、屋内の空気が漏れてきた。何年も閉め切っていた臭いに満ちている。

玄関を入ってすぐの壁面に設置された防犯センサーの親機が光り、薄暗い空間を照らしている。

解除用のカードをかざそうとした木野が、軽く首を傾げて呟いた。

「何だこれ。日付が滅茶苦茶だな」

その日は平成二十八年八月十三日。

機器が示していた異常発生時刻は、平成十三年の九月十三日らしい。

木野は、とりあえず警報を解除し、侵入箇所を検索した。

「ええと、センサーが三カ所。発報したのが――こいつか。奥の部屋かな」

先に立つ木野を追って、長田さんも足を踏み入れようとした。

が、何とも言えない感覚に引き留められた。

寒気に似ている。けれど、もっと身体の奥底から湧いてくる何かだ。

知らず知らず、廊下の奥を睨みつけている自分に気付いた。

このままでは仕事にならない。異常があった現場は、二人で確認する決まりである。

実施しなければ、木野から会社に報告されてしまう可能性もある。

頭ではそのように理解しているのだが、どうしても足が動かない。

玄関はまだマシだ。廊下の奥が、どうにも気になって仕方ない。

何とかして、近付かずに確認できないものだろうか。
考えた末に、長田さんはスマートフォンを取り出した。
撮影して画像を拡大するつもりだったという。
早速、カメラを連続撮影モードにして玄関に差し入れた。
その瞬間、冷たいものが手首を駆け抜けた。
斬り落とされたと思うほどの衝撃であった。
慌てて手首を確認したが、何ともなっていない。ただ、指先まで痺れてしまっている。
そのような経験をしたのは初めてだ。
そこまでが限界だった。理由は分からないが、この家に入ってはならないのだ。
そう確信した長田さんは、玄関から離れ、電話を掛ける真似を始めた。
「はい、今、現場です。……いや、原因は調査中ですが、侵入者とは思えませんね」
今にも震えそうな声で適当な台詞を続けているうち、木野の声が聞こえた。
「異常なしですね。小動物かな。雨漏りかもしれない」
是非とも、そうあってほしいものだ。
胸の中で呟きながら、長田さんは視線を木野に向けた。
そのときのことを思い出すと、今でも全身が総毛立つという。

木野の腰に白い腕が巻き付いている。その細さは女の腕に思えた。

腕以外は、もやもやとした煙が渦巻いているだけだ。

「じゃあ僕は警戒セットしてから、そちらの詰め所に向かいます。報告書お渡ししますんで」

木野は、腕を巻き付かせたまま近付いてくる。

大丈夫か。何か注意したほうが良いのだろうか。

いや、注意したらこっちが危ないかもしれない。

思いがそこに至った瞬間、白い腕が緩み、長田さんを手招いたという。

長田さんは、では一足先に戻ると言い残し、その場を離れた。

警備員詰め所のドアの前で、長田さんは必死に考えていた。

あれをこの部屋に入れたくない。報告書は何処か違う場所で書いてもらおう。

そこまで決めたにも拘わらず、木野が現れない。

五分が経過し、十分を過ぎ、十五分経っても現れない。

むしろそのほうが好都合なのだが、それにしても遅い。

長田さんは、もう一度あの家に戻ってみた。

バイクはそのままだ。姿は見えない。だとすると、また家の中に戻ったのだろうか。

恐る恐る近付き、声を掛けた。

返事がない。

もう一度。更にもう一度。

やはり何の反応もない。

本来なら、家に入って確認すべきなのだが、長田さんはそのまま詰め所に戻ってしまった。安月給でそこまでできるかというのが正直な思いだったという。

三十分後、元請けの警備会社から電話が掛かってきた。

木野の所在を訊ねる相手に、長田さんはしらを切り通した。

「もう帰られたのだと思ってました。何なら、一度見てみましょうか」

それには及ばないと断られ、内心ほっとしながら電話を終えた。

一時間後、別の対処員が詰め所にやってきた。

名札には倉本とある。倉本は、今からあの家のセンサーを復旧しに行くとのことだ。

その後の施錠は長田さんの業務である。

嫌で嫌で仕方ないのだが、鍵の貸し出しは厳禁されている。同行するしかなかった。

詰め所を出るとき、長田さんはさりげなく訊ねた。

「あの、木野さんはどうされたんですか」

「いや、見つかったのは見つかったんですけどね」

倉本は口ごもりながらも、何か言いたげにしている。

「五キロほど離れた路上で座り込んでたらしくて」

何をどうしようとも全く反応せず、虚ろな目で念仏を唱えていたそうだ。

「あいつ、何か変な様子はなかったですか」

言えない。言えるわけがない。

長田さんは、黙って首を傾げるしかなかったという。

「結局、センサーは異常なかったんでしたっけ」

「はい、それは木野さんが確認されてました」

「業者も連れて来ようと思ったんですがね、当時の担当者、行方不明とかで連絡が付かないんすよ」

長田さんにとって三度目の家である。バイクは既に引き上げられている。

倉本はセンサーをセットする為、玄関に足を踏み入れた。

その姿を目で追いかけていた長田さんは、思わず悲鳴を上げそうになった。

倉本の足首に、あの白い腕が巻き付いている。倉本は何か感じたらしく視線を落としたが、腕までは見えないようだ。

センサーをセットし、出てきた。白い腕は消えている。

長田さんは、玄関の鍵をさりげなく倉本に渡した。これ以上の接点を持ちたくなかったからだという。

幸い、倉本は何の疑問も抱かずに施錠した。

詰め所に戻る途上、長田さんは気になっていたことを訊いた。

あの家は頻繁に発報するのか。そもそも何故、防犯センサーを設置したのか。

設置されたのは去年。それ以来、発報したのは今日が初めてとのことだ。

倉本が言うには、あの家は知る人ぞ知る心霊スポットであり、一時は毎晩のように若者達がやってきたらしい。

その警戒の為に設置されたという。

撤去しない理由や、鍵の運用を農場が請け負った経緯は分からないそうだ。

報告書を提出し、倉本は帰っていった。

残された長田さんは、ふと思い立ち、スマートフォンの画像を確認した。

玄関から奥の間へ向かう廊下が写っている。

特に何か奇妙なものが写っていることはないのだが、見た瞬間、怖気が走った。

考え過ぎだと自分に言い聞かせるが、なかなか震えが止まらなかった。

その後、長田さんは会社を辞めた。

右の手首から先を事故で切断してしまったのである。

今現在、あの家がどうなっているか分からないが、一つだけ明白なことがある。

撮影した画像を見た人にも、何らかの不幸が訪れるらしい。

「多分ですけど、撮影するときにスマートフォンは家の中に入ったからだと思うんです。画像を見た時点で、あの家に入ったものと見做《みな》されるんじゃないですかね」

機種変更した為、そのときのスマートフォンは家に置いたままである。

画像は今でも削除していないという。


今回、無理を言ってその画像を借りてきた。

見るかどうかはお任せする。

※写真は巻末の後書きの後に掲載しました。閲覧は自己責任でお願いします。

思い出の部屋

柏木さんが長年住み慣れたマンションから引っ越したのは、今年の春。

会社での地位が上がり、少しは余裕もできた為、もっと便利な場所に移り住んだのである。

十年近く暮らしていた部屋には、喜びも悲しみも詰まっている。

長年の友人とも言える空間であった。

最後の日に柏木さんは、がらんとなった部屋に向かって「今までありがとう」と頭を下げたそうだ。

次の住人も、同じように日々を積んでいくのだろうなと思うと、何故か涙が溢れたという。

とはいえ、その感慨も数日で消えた。

新居は都心に近い新築の高層マンションである。最新型の設備と、真《ま》っ新《さら》な内装は、快適そのものであった。

暮らし始めて何週間か経った頃、以前のマンションの管理会社から連絡が入った。

確認したい点があるので、至急連絡が欲しいとのことだ。

正直なところ、呼び出される理由が思いつかない。内装工事が必要なトラブルは起こしていない筈だ。

すぐには分からない傷や、壁紙の内側のカビとなると自信はないが、その為の敷金である。

柏木さんは、あの部屋を思い浮かべながら自宅を出た。

待ち合わせ場所には、既に管理会社の担当者が到着していた。

何やら深刻な顔つきである。

これは揉めそうだなと覚悟を決め、柏木さんは席に着いた。

担当者は辺りを見渡し、声を潜めて予想もできなかった話を始めた。

柏木さんが暮らしている間、何かおかしなことは起きなかったかというのだ。

具体的にどのようなことか訊くと、担当者は更に声を潜めた。

「あのですね、その……幽霊とか見なかったですか」

どうやら本気で訊いているようである。どう答えれば良いのか分からず、柏木さんは黙り込んだ。

「あの部屋なんですけどね、あれから三人に貸したんですが、全員が見たって言ってるんですよ」

出るのは女の幽霊らしい。全体的に真っ黒な影のようだが、顔だけがはっきりと分かる。

悲しげな顔で、ぼそぼそと何事か喋っているそうだ。

言っている内容は分からないが、出ていってほしいという思いだけは伝わってくる。

おかげで部屋は借り手が付かない。

ならば、それまで住んでいた柏木さんが無事だったのは何故か。

担当者は、それが知りたくて呼び出したのであった。

そう言われても、何一つ心当たりがない。怖い思いも、嫌な思いもしたことがないのだ。

それどころか、帰るだけで癒される居心地の良い部屋だった。

正直にそう告げると、担当者は諦めたらしく、その日の話し合いは終わった。

二週間後、再び担当者から連絡が入った。

お見せしたい物がある、という。

面倒なのは確かだが、根っからの善人である柏木さんは二つ返事で了承した。


席に着くや否や、担当者はテーブルの上に一枚の紙を置いた。

つい最近、契約解除した女性が、自分が目撃したままを描いた絵だという。

そこには女の顔が描かれていた。

関係者全員に、見覚えはないか訊いて回っているらしい。

そう言われてもと言い掛けて、柏木さんは気付いた。

これは知っている顔だ。確か――。

「優花ちゃんかもしれない」

ああやっぱり、と担当者は頷いた。マンションに住む何人かが同じ名前を出した。


七年前までマンションで暮らしていた家族がいた。

父親と娘一人の父子家庭であった。

その娘が優花ちゃんである。

当時、中学三年生だった優花ちゃんは、家事をこなしながら学校に通っていた。

ふとした会話が切っ掛けで、柏木さんは優花ちゃんと仲良くなった。

自室へ招き、受験勉強も手伝ったそうだ。

優花ちゃんはできる限り、父親に負担を掛けまいと頑張り、辛いときにも笑顔を絶やさなかった。

だが、頑張れば何とかなることばかりではない。とことん、幸せに見放される人間もいる。

優花ちゃんは無理が祟ったのか、突然死してしまったのである。

皮肉にも、高校に合格した翌日であった。

しばらくして父親はマンションを引き払った。
げっそりと痩せこけた顔で、故郷に帰るのだと言っていたらしい。
そんなにも印象が深かった父娘だが、所詮は赤の他人である。
柏木さんは、一周忌を待たずして優花ちゃんのことを忘れた。
時々は思い出すのだが、日々の忙しさに紛れてしまったという。

その優花ちゃんが、何故あの部屋にいるのか。
答えは考えるまでもなかった。
優花ちゃんは死んでからも、あの部屋に来ていたのではないか。
そばにいて見守ってくれたのではないだろうか。
あの部屋が、あんなにも居心地が良かったのはそのおかげでは。
僕はさっさと忘れてしまったのに、あの子はずっといてくれた。
柏木さんは、考えれば考えるほど胸が詰まってきた。
担当者は、この娘さんのお父さんに話してみますと言い残し、その場を後にした。
一つ不思議なのは、そこまで慕う相手が引っ越したとき、何故付いてこなかったのかということである。

それについて柏木さんには持論があった。

「優花ちゃんは、僕の部屋で過ごす時間が一番楽しかったんだと思うんです。その強い思いを支えにして存在しているんじゃないかなと」


担当者が父親を訪ねたところ、彼は介護施設に入所していた。

優花ちゃんのことは全く覚えていなかったそうだ。

柏木さんは、近々あの部屋を訪ねるつもりだと話してくれた。

担当者の了解は得てある。

どれほど時間が掛かろうとも、優花ちゃんの成仏を助けるつもりだという。

本当に怖いのは

これを書いている現在は十一月二十日。

何事もなく順調に進めば、十二月二十八日に店頭に並ぶ筈である。

その頃には、次の単著の準備を始めている。

一年を掛けて準備しているのか、余裕だねとお思いになるだろうが、実はそれほど容易ではない。

ここが兼業作家の哀しいところで、あくまでメインは会社勤めである。

帰宅してから夜中まで、或いは休日を潰して書かなければ、到底間に合わない。

何故そんなに時間が掛かるかというと——。

私の場合、いただいた話をまずはそのまま文章にする。

そうしておいて、おもむろに分析し、恐怖のポイントを探り、構築していく。

つまり、ひとつの話を二回書いているわけだ。こんなことをやっているから、時間が足らなくなってくる。だが、それが私のやり方だから仕方がない。

誰もが皆、同じ視点から同じような恐怖を抽出し、テンプレートに文章を当てはめれば済むのならば、これほど楽なことはないのだが。しかも今年、思わぬラスボスが現れた。坐骨神経痛である。

これは手強い敵であった。何しろ、立てないし、座れないし、横にもなれないのだ。

しかも締め切り間近である。安静にしていれば治りも早いのだが、そんな場合ではない。

四つん這いの姿勢でタブレットに入力する日が四日続いた。

どうにかこうにか座れるようになり、無事に脱稿できたときは、大の男が涙を流した。

おかげで、今回の万霊塔は忘れられない本になった。

ただ、それは著者側の勝手な思い込み。

読者の皆さんにとって、忘れられない本になるかどうかは祈るしかない。

さて、残り数日で今年も終わる。

海外では毎月のようにテロがあり、国内でも残虐な事件が多かった。

そのせいか、やはり一番怖いのは人間という声を多く聞く。

だが、その一番怖い人間は、いつか必ず死ぬ。

酷い世の中だからこそ、恨みや憎しみを抱えたまま死ぬ人間も多いのでは。

そうやって死んだ後、どうなるかを報告するのが我々実話怪談作家である。

人間の怖さなんて、たかが知れていると読者に思わせたら作家冥利に尽きる。

ところで、今回の表紙も、私が信頼する画家・芳賀沼さら氏の作品である。氏が描く作品は、どぎついスプラッター的手法を用いて、どうだ怖いだろうと大声をあげるようなものではない。

見てはならない気がするのに、どうしても目を離せない。そういった類の恐怖を内に秘めているのだ。そこに私は惚れ込んでいる。

芳賀沼氏は平成三十年一月に横浜で開かれる【地下自由通路】という展覧会に参加される。そこに、この絵も展示される。足を運ぶ価値は大いにある筈だ。

今回もまた、多数の皆様に支えられ、この本は世に出せた。ありがとう。これからもよろしくお願いします。

湖国にて　つくね乱蔵

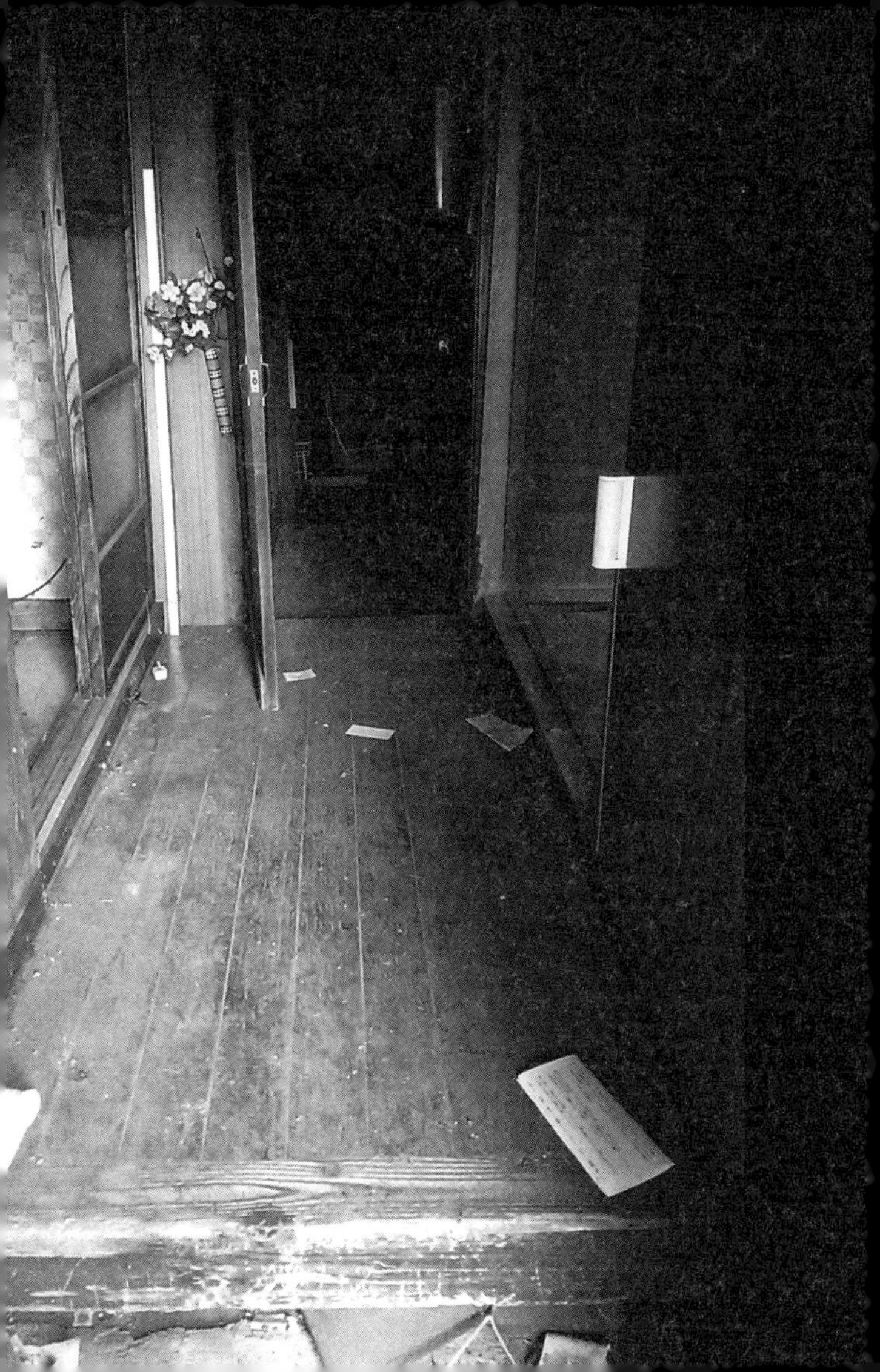

本書の実話怪談記事は、恐怖箱 万霊塔のために新たに取材されたものなどを中心に構成されています。快く取材に応じていただいた方々、体験談を提供していただいた方々に感謝の意を述べるとともに、本書の作成に関わられた関係者各位の無事をお祈り申し上げます。

あなたの体験談をお待ちしています
http://www.chokowa.com/cgi/toukou/

恐怖箱公式サイト
http://www.kyofubako.com/

恐怖箱 万霊塔

2018年1月4日 初版第1刷発行

著者 つくね乱蔵
総合監修 加藤 一

カバー 橋元浩明（sowhat.Inc）
発行人 後藤明信
発行所 株式会社 竹書房
〒102-0072 東京都千代田区飯田橋 2-7-3
電話 03-3264-1576（代表）
電話 03-3234-6208（編集）
http://www.takeshobo.co.jp
印刷所 中央精版印刷株式会社

定価はカバーに表示しています。
落丁・乱丁本は当社までお問い合わせ下さい。

ISBN978-4-8019-1331-8 C0176